L'ÉTERNITÉ DÉVOILÉE

PARIS. — IMPRIMERIE SIMON RAÇON ET COMP., RUE D'ERFURTH,

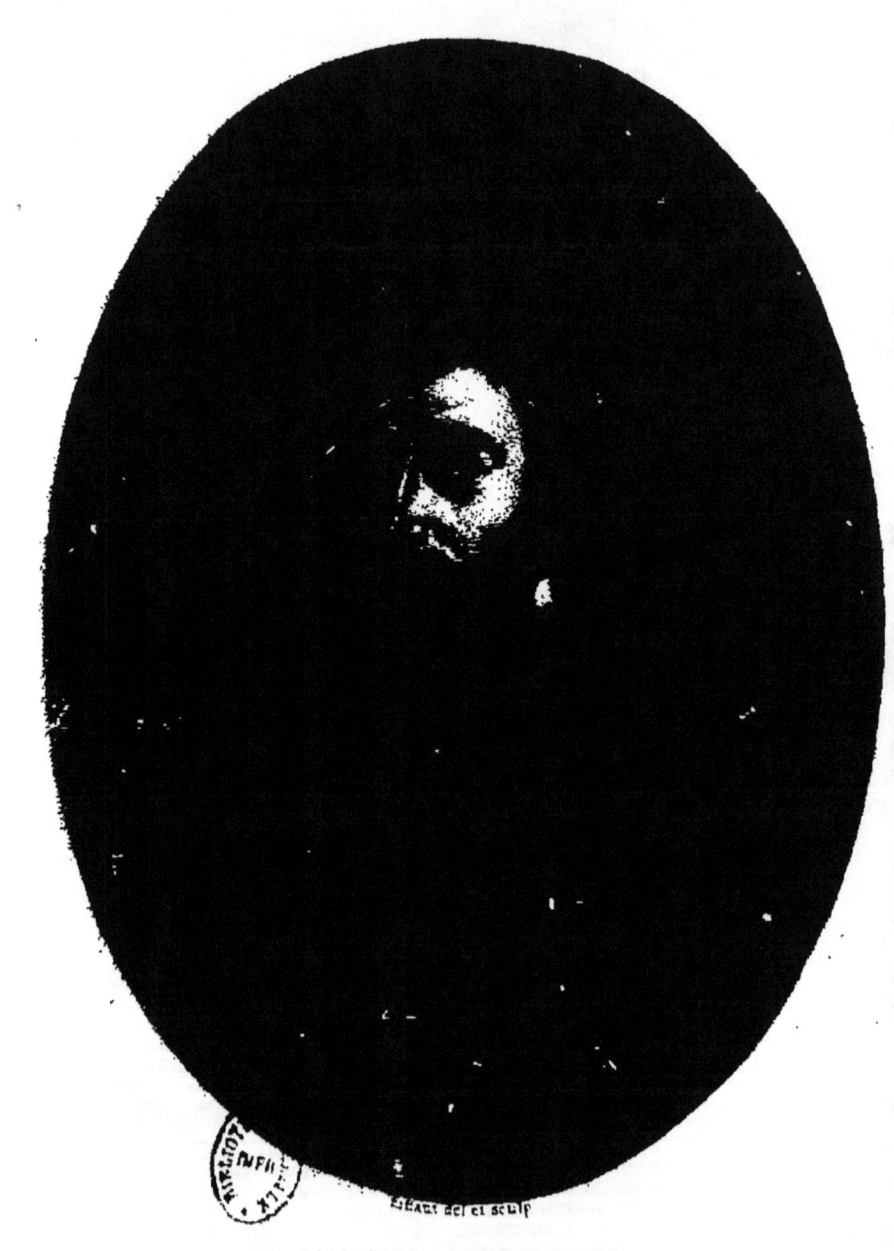

Estampe del et sculp

HENRI DELAAGE

L'ÉTERNITÉ
DÉVOILÉE

OU

VIE FUTURE DES AMES APRÈS LA MORT

PAR

HENRI DELAAGE

PARIS
E. DENTU, LIBRAIRE-ÉDITEUR
PALAIS-ROYAL, GALERIE VITRÉE, 13

1854

L'auteur et l'éditeur de cet ouvrage déclarent se réserver le droit de le traduire ou de le faire traduire en toutes langues.

L'ÉTERNITÉ DÉVOILÉE

I

VISION DE L'ÉTERNITÉ DANS L'ÉTAT EXTATIQUE.

> On a moins peur de la mort pour ce qu'on en sait que pour ce qu'on en ignore.
> ADOLPHE D'HOUDETOT.

> Nous venons démontrer que ce que l'on nomme la mort est réellement la vie, tandis que ce que l'on appelle la vie est réellement la mort.

Dans l'antiquité, chez les Égyptiens, il y avait un convive sinistre, voilé d'un crêpe noir, qui assistait, muet et immobile, à tous les festins : c'était le squelette d'un mort. Aujourd'hui nous allons faire traverser à ce pâle fantôme la société moderne, si fiévreusement inquiète des biens périssables de ce monde, pour lui apprendre, non qu'elle mourra, mais qu'elle ressuscitera, et que le temps de cette vie ne lui a été donné que pour travailler à préparer dès ici-bas sa résurrection à une glorieuse béatitude. Il y a du sang et des larmes à répandre quand on veut escalader le ciel; car, suivant la belle expression d'un écrivain moderne, la souffrance est une initiation à la lumière : comme l'enfant qui pleure en fixant le soleil, l'humanité voit Dieu à travers ses larmes!

Nous atteindrons du premier coup d'œil ces cimes lumineuses et sereines des hauteurs métaphysiques, où il n'y a de respiration possible que pour les poitrines croyantes, persuadé qu'il faut s'élever jusqu'à la connaissance des lois éternelles qui régissent l'univers, et être doué d'une intuition extatique pour apercevoir les réalités du monde surnaturel et déposer dans l'intelligence de tous la certitude que mourir c'est tout simplement revivre.

Il y a dans ce mot la *mort* je ne sais quoi de

sinistre qui, semblable au spectre invisible d'un fantôme pâle et décharné, oppresse la poitrine, gonfle le cœur de larmes, qui bientôt s'échapperont brûlantes des paupières, et de sa main impitoyable, comme celle de l'angoisse, saisit à la gorge. C'est sans doute parce que ce mot rappelle ces jours de deuil où, le visage bouleversé de douleur, l'âme plongée dans le sombre océan de la désolation, l'on a suivi le corps d'une personne aimée à travers les tristes allées d'un cimetière où l'on a vu descendre, à l'aide de cordes, sa bière dans une fosse béante, et où, en entendant le bruit de la terre tomber pesamment sur le bois de son cercueil, l'on a senti qu'une froide, humide et inexorable barrière se dressait désormais entre les lèvres et la figure adorée de l'être que la mort venait de dévorer. Mais nous allons tourner cette page lugubrement trempée de larmes et montrer que s'il y a du sang, des cris de douleur, des déchirements intérieurs dans la mort, c'est que tout enfantement s'opère dans les pleurs, et que le trépas n'est que la crise suprême dans laquelle l'âme *renaît* à la liberté, *revit* à la lumière en se dépouillant des organes charnels comme d'un vil haillon, et en jetant son corps à terre comme le prophète Élie y jeta jadis son manteau au moment où, triomphalement monté sur un char de feu, il s'envolait au ciel !

Nous venons faire partager nos certitudes sur l'autre vie et emparadiser l'âme des béatitudes célestes. Quand on lève les yeux et le cœur au ciel, les idées se sublimisent, les sentiments s'ennoblissent, une vie toute-puissante circule, loyale et généreuse, dans le sang des veines ; plein de mépris pour ce qui passe, on ne s'attache qu'à ce qui reste ; le grand amour de l'éternité qui fait les martyrs et les saints vous saisit invinciblement au cœur : alors, semblable au phénix de la fable qui bat l'air de ses ailes déployées pour raviver la flamme du foyer qui le consume, l'on a hâte de mourir selon la chair pour revivre selon l'âme.

La vie éternelle ! voilà le souhait final qui termine tous les sermons ; mais, si c'est aux prédicateurs qu'est réservé la gloire d'en proclamer l'existence, ce ne sont cependant que les âmes inspirées de la lumière de Dieu qui leur donne l'intuition du monde surnaturel, que l'on peut considérer comme assez éclairées pour être en état de décrire aux yeux ravis de l'entendement humain les merveilles de l'autre vie.

Les démonstrations philosophiques basées sur la raison rendent très-probable l'existence d'un autre monde, que nous allons faire visiter à l'intelligence de nos lecteurs ; car aujourd'hui nous ne venons pas seulement leur prouver l'immortalité de l'âme, mais encore leur faire connaître la vie des âmes ressuscitées au delà du tombeau, afin qu'avec les yeux du cœur on puisse revoir les êtres chéris que la mort a ravis à la tendresse ; en sorte que le souvenir aille tendrement vers eux et arrive à ces âmes trépassées comme l'arome d'une plante aimée ou comme les parfums qui s'échappent en fumée bleuâtre de l'urne d'argent des encensoirs balancés, et monte jusqu'aux pieds de l'Éternel. Faire croire à la résurrection, c'est essuyer les yeux de tous ceux qui pleurent et les blessures de tous les cœurs qui saignent ici-bas au voile précieux des espérances célestes.

Nous ne doutons pas que le titre de ce livre n'effarouche bien des préjugés et ne paraisse à cette classe d'esprits superficiels, si nombreuse dans le monde, qui accuse de folie ceux qui ne partagent pas leur myopie intellectuelle, l'œuvre d'un aventureux mystificateur. Mais, parfaitement résolu à obéir plutôt à notre conscience qu'à l'opinion publique, nous inscrivons ce titre en tête de notre ouvrage, avec l'espérance qu'il arrivera dans les mains des lecteurs qui, depuis que nous tenons la plume, nous encouragent de leur glorieuse sympathie. Il existe pour nous un ineffable sentiment de bonheur à écrire pour les amis inconnus qui vivent du même cœur et dans une entière communion d'idée avec nous, et à penser que de douces et blanches mains de femme feuilleteront avec une curiosité avide ce livre, qui, semblable à un pèlerin voyageur, viendra s'asseoir à leur foyer pour leur raconter son grand et sublime voyage et décrire avec détail les mœurs des âmes et des esprits, ces lumineux habitants du royaume de Dieu. Mais grand devient surtout le bonheur de l'écrivain quand il sent, par une communion mystérieuse, invisible et réelle, la pensée de ses lecteurs se faire fluide et, comme la douce clarté d'un regard et la grâce caressante d'un sourire de femme, refluer vers lui et toucher les fibres de son cœur comme le vent du soir touche les cordes de la harpe éolienne et en tire de mélodieux accents. C'est parce que nous nous sentons pénétré jusqu'à la moelle des os de ce souffle inspirateur, qui est la respiration même de l'âme de nos lecteurs, qu'épanchant en eux les flots d'amour qui bouillonnent en nous, nous leur parlerons cœur à cœur.

Nous allons cependant, dans la persuasion que plusieurs nouveaux lecteurs entreront par cet ouvrage pour la première fois en communion d'idées avec nous, leur expliquer comment nous avons été amené à tenter cet audacieux travail et à quelle source nous avons puisé les renseignements à l'aide desquels nous entreprenons de dévoiler l'éternité. Ce sujet touche au plus intime mystère de l'organisme humain, le problème des destinées éternelles est non-seulement le plus important qui puisse préoccuper le cœur de l'homme, mais il est le plus actuel; car, malgré les prodiges merveilleux des arts mécaniques faisant de l'éclair le courrier de la pensée, forçant la vapeur à animer l'airain des locomotives pour emporter les chars à travers l'espace vaincu, ce siècle n'a rien à donner aux âmes pour assouvir en elle ce besoin terrible, cette soif sans cesse renaissante, qui est l'amour de l'infini. Les natures douces et contemplatives dans cette atmosphère de doute, semblable à des fleurs délicates transplantées en terre étrangère, languissent, déclinent et se flétrissent, consumées par cette agonie de cœur qu'on nomme le mal du pays, car le pays, pour ces jeunes blessés de la vie, c'est le ciel. Tandis que, semblable à Marthe dans l'Évangile, les uns emploient leur industrieuse activité à préparer et à organiser leur vie le plus agréablement possible ici-bas dans la fièvre de l'agiotage et l'ivresse de la volupté ; il y en a d'autres qui, comme Marie, ont choisi la meilleure part et qui, assis aux pieds bien-aimés du Sauveur, épanchent en son cœur la fervente tendresse de leur âme pieuse, dont l'esprit, quittant le monde où tout les blesse et les meurtrit, tourne l'œil de son intelligence vers l'éternité et s'efforce de soulever le rideau qui dérobe à sa vue le ciel. Comprenant leur souffrance et leur désir, nous leur tendons ce livre en leur disant : Prenez et lisez.

Nous avons trouvé quatre sources où nous avons étanché la soif de notre âme altérée de vérité ; nous avons été éclairé par la lumière de de quatre foyers ; nous avons reçu la science des lèvres inspirées de quatre maîtres, en sorte que quatre espèces de matériaux entreront dans cet édifice que nous élevons pour l'édification de tous et à la gloire du Maître des cieux.

Dans l'ardeur passionnée qui nous consumait, nous avons été recueillir des renseignements sur la vie future des âmes, après la mort, dans tous les sanctuaires du monde antique où des prêtres vénérés retenaient pieusement le dépôt traditionnel des vérités éternelles ; ensuite les apôtres, les Pères de l'Église et les docteurs, ayant à leur tête leur divin maître Jésus-Christ, nous ont révélé les mystères de l'autre monde ; puis, en étudiant la chevalerie et la sorcellerie au moyen âge, il nous est arrivé de rencontrer plusieurs admirables écrits dans lesquels grand nombre de saints extatiques avaient relaté les visions béatifiques qu'ils avaient eues de l'Éternité. Enfin nous avons demandé la lumière aux sciences occultes, nous avons sondé les profondeurs éblouissantes du sommeil; et les prodiges de l'âme réveillée dans un corps endormi nous ont fait comprendre les merveilleuses facultés de l'âme ressuscitée.

Le magnétisme a éclairé d'une vive lueur les mystères de la vie et de la mort, il nous a donné l'explication des saintes Écritures et fait croire à la possibilité des miracles. Nous allons donner quelques détails sur chacune de ces sources où nous avons puisé la vérité dont nous tâcherons d'offrir l'eau vive aux lèvres dans la coupe du beau. Chrétien de race, de cœur et d'idée, nous serons en tout point disciple du Christ, et dans les feuilles de ce livre nous tâcherons de nous inspirer de cet esprit de charité et d'amour qui fait que l'on porte d'autant plus de tendresse à un être, que cet être est plus triste et plus souffrant; cet amour du faible est gravé en nos âmes par la vue de la croix, comme le sang grava sur le voile de sainte Véronique les traits adorés du visage béni de notre Sauveur bien aimé Jésus-Christ.

Dès l'aurore de la création, l'homme, ayant matérialisé par le péché sa nature, ou, pour suivre l'image de l'Ancien Testament, ayant mordu au fruit de l'arbre de la science du bien et du mal, devient sujet à la maladie et à la mort.

Cette idée que nous exprimons, nous la retrouvons en germe dans l'étymologie même du mot *mort*, formé du latin *mors*, que dans leur haute philosophie les instituteurs du langage, qui, suivant la belle expression de Vico, cachèrent la science du vrai sous l'écorce des mots, ont fait venir de *morsu*, pour rappeler à l'intelligence que l'origine de la mort en ce monde est la morsure coupable donnée par le premier homme au fruit de l'arbre défendu. Aussi il est hors de doute que de la plus reculée antiquité l'œil a plongé au delà de cette vie, et toutes les religions ont proclamé la résurrection de l'âme ; car, nous l'écrivons avec conviction, opérer le salut de l'âme était le but cherché dans les mystères de l'Orient, et si, à travers les siècles l'on prête l'oreille aux enseignements des prêtres de l'antiquité, l'on entend une parole d'espoir et de consolation tomber de leurs lèvres inspirées et dire au peuple : **Tu revivras.**

Nous étudierons le ciel et l'enfer chez toutes

les nations, et nous trouverons une croyance traditionnelle à une vie future, rendue sensible à l'esprit, à l'aide du voile symbolique d'une révélation toujours en rapport avec le degré d'intelligence et les mœurs des nations dont il devait frapper la vue. Quand la révélation tentera de dévoiler les tourments de l'enfer, pour épouvanter les sens d'un peuple ignorant, grossier et sensuel, elle leur représentera les damnés livrés aux griffes de démons hideux, noirs et cornus, qui les enfoncent à grands coups de fourches dans le gouffre ardent d'un brasier qui brûlera, durant l'éternité, leurs chairs torturées par d'infinies souffrances. Quand, au contraire, elle tentera de peindre la félicité des bienheureux pour séduire les sens, elle transportera les corps béatifiés dans un palais éblouissant d'or et de pierreries. Il nous faudra déchirer le voile des allégories révélatrices pour arriver à la vérité, et la présenter aux yeux de l'univers intelligent dans sa splendide nudité.

L'écrivain doit s'efforcer de faire rayonner autour de la douce et pâle figure du fils de Marie l'auréole brillante de son irrécusable divinité ; il doit, de plus, s'il veut ressusciter dans la gloire, fixer amoureusement sa vue sur les traits adorés de Jésus et marcher sur la trace sanglante de ses pas bénis. Enfin, par ses paroles, par ses actions, par ses exemples, par ses écrits, il doit s'efforcer, comme son divin Maître, d'entraîner les générations indécises dans le chemin qui conduit au ciel.

Pénétrés de cette incontestable vérité, après que Jésus-Christ fut remonté vers son Père, les apôtres portèrent dans l'univers entier la bonne nouvelle de l'Évangile ; ils décrivirent les merveilles du ciel, et convièrent les pauvres, les riches, les savants, les ignorants, à ce banquet divin, à la porte duquel, par la pluie et le vent, grelottait depuis des siècles les générations assises à l'ombre de la mort. Les apôtres avaient semé dans le cœur l'espérance de l'éternité. Après eux vinrent les docteurs qui portèrent dans les esprits les convictions de l'existence d'un autre monde où Dieu récompensait le bien et punissait le mal.

Ces premiers disciples du Christ, communiquant comme une divine contagion la flamme ardente de l'esprit divin qui les embrasait de son amour, et enveloppant toutes les âmes dans le tourbillon attractif d'une grâce céleste comme leur apostolat, les entraînaient au ciel. Les docteurs vinrent ensuite et déposèrent une invulnérable certitude du ciel dans l'intelligence. Aussi, après dix-neuf siècles les vaisseaux sillonnent encore la mer, portant, vers les plus lointains rivages, des missionnaires qui s'en vont prêcher le christianisme, et des sœurs de Saint-Vincent de Paul qui viennent le faire aimer en soignant avec tendresse ceux qui souffrent, et en pansant les blessures de ceux qui saignent ; anges de charité dont les pieds foulent la terre, mais dont le cœur vit déjà dans le monde de l'éternité.

Nous avons étudié les apôtres, communié d'idée avec les Pères de l'Église, et peu à peu nous avons senti se glisser en nos veines la flamme enthousiaste d'une grâce divine et le désir de secouer sur tous les cœurs, à l'exemple des apôtres, les torches ardentes de l'amour de Dieu. Nous avons de plus consulté les écrits inspirés des docteurs, et nous leur avons emprunté la lumière qui éclaire les intelligences et qui dissipe, pour les yeux de l'esprit, les ténèbres qui lui voilent cette patrie future vers laquelle le cœur se tourne avec tendresse et désir, comme vers la terre promise à ses espérances.

Au moyen âge nous avons traversé les camps de la chevalerie, noble institution qui était l'héroïsme armé de foi à l'intérieur et de fer à l'extérieur. Nous avons pénétré dans les laboratoires mystérieux, où des philosophes hermétiques soufflaient d'une main fiévreuse, nuit et jour, les tisons d'un fourneau sur lequel reposait une cornue renfermant une liqueur jaunâtre, et vu que ce que cherchaient les alchimistes, au visage noir de fumée, ce n'était pas seulement l'or potable, mais l'esprit de vie et de lumière.

Les cabalistes anciens et modernes, toute la bande noire des mages, hiérophantes, gymnosophistes, druides, philosophes naturels, thaumaturges, extatiques, avec l'intelligence desquels nous avons vécu, nous ont toujours semblé particulièrement préoccupés du rôle de l'esprit de lumière.

Dans le grand acte de la résurrection, ils discutaient entre eux pour savoir si après la mort il restait sur la terre pour y animer les fleurs et les oiseaux, ou s'il acccompagnait l'âme dans le ciel. C'était cette question qui passionnait l'esprit des Grecs au moment où Mahomet III entrait en triomphateur à Constantinople.

Nous ferons connaître le résultat des études de ces intelligences illuminées d'un rayon divin, qui, par une prévoyante sagesse, s'inquiétaient de la résurrection au moment où le cimeterre de Mahomet menaçait leur vie. Il est doux, en effet, de pouvoir endormir sa tête croyante sur l'oreiller de la foi, sans souci des intérêts de ce monde, avec l'espérance de se réveiller un matin citoyen de l'éternité ; car, si la main de la femme met de la grâce partout, celle de Dieu met de la joie même sur le chemin de la mort.

Il y a dans ce siècle une indifférence en matière de religion qui nous a toujours paru incompréhensible ; on dirait que l'humanité, sans souci de ses destinées éternelles, désire seulement la possession des biens périssables de ce monde. De là cette soif des richesses qui altère le cœur de toutes les classes de l'ordre social ; de là ces cris de désespoir qui retentissent à certains jours, comme un coup de tonnerre, dans une nuit sombre, éclaire fatalement l'avenir, et font résonner sinistrement aux oreilles des riches ces deux mots : Propriétaires, défendez-vous !

Ce livre, abstrait autant que sérieux, en donnant une base philosophique à la croyance, à une vie future, a pour but d'apprendre à raisonner au rationaliste, et il enseignera la prévoyance aux prévoyants de ce siècle en leur montrant que la prudence de ceux qui sèment dans le temps pour récolter dans le temps n'est que folie, inexpérience et imprudence, et que tous les actes de cette vie, suivant les règles immortelles de la sagesse divine, doivent être faits dans le but de préparer sa résurrection glorieuse à une béatitude éternelle.

S'il est un acte important ici-bas, c'est sans contredit le mariage, qui fond deux existences en une seule. Eh bien ! la sagesse de ce monde, bornée autant que mesquine, croit faire acte de raison en recherchant uniquement la richesse dans la femme, qui unit sa fortune par contrat et devant notaire à celle de son mari, afin d'assurer le bien-être des époux et celui des enfants, et elle oublie, dans sa folle imprévoyance, que le mariage n'est pas seulement l'union matérielle de deux sommes d'argent; mais l'union sainte et pure de deux cœurs, de deux âmes. De là cette chair pure et virginale se mariant à une chair usée par le vice, ces cœurs nobles et tendres se mariant à des cœurs caducs, ces âmes pieuses se mariant à des âmes impies. Si la femme met devant l'autel de Dieu sa main confiante dans celle de l'homme, ce n'est pas pour qu'il l'entraîne, victime souillée et déshonorée, au fond des abîmes de l'enfer, mais pour qu'il la conduise, glorieuse et triomphante, dans le royaume des cieux.

Si nous avons osé écrire ce livre, c'est dans la persuasion qu'il n'appartient pas à la raison humaine de traiter de si hautes matières, car il faut que l'âme, se dérobant aux liens terribles de sa prison charnelle, aille libre, semblable à un ange de lumière, visiter les régions suprêmes et converser avec les esprits ses frères et les âmes ressuscitées ses sœurs. Pour rendre l'âme à la liberté, il faut de plus que le charme du sommeil magnétique, anéantissant par l'assoupissement l'action du corps endormi, lui laisse ouvertes les portes du monde surnaturel.

Quand sur l'aile de la volonté l'âme pénètre les corps les plus opaques et visite, avec la rapidité de l'éclair, les différentes régions de l'univers terrestre, c'est du somnambulisme; mais, quand elle pénètre jusque dans le royaume des morts, et qu'elle parcourt le domaine éblouissant de l'éternité, pour aller converser avec les âmes ressuscitées, ses traits illuminés d'une lueur céleste, son regard fixé vers un pôle invisible et perçant les voiles de l'inconnu, sont pour nous les symptômes de l'état extatique. Si nous comprenons la nature de la merveilleuse propriété de l'âme ressuscitée, les souffrances qu'elle peut endurer, les jouissance qu'elle peut ressentir, c'est que, dans les prodigieuses opérations d'une âme dégagée du corps endormi, nous avons vu une image fidèle des facultés surhumaines de l'âme délivrée du corps par la mort.

Pour l'homme, dont l'âme entrevoit déjà dans l'éternité Dieu entouré de ses anges, comme d'une armée de soleils rangés par ordre de lumière, la richesse est sans prix, la gloire n'est qu'une fumée emportée par le vent; la renommée, quelques lettres composant un nom qu'un pédant de collége tâche de graver dans la mémoire de quelques écoliers indociles. Pour nous, possédés du désir du ciel, emportés de cœur et d'esprit au delà de ce monde, nous n'aspirons ni à la fortune, ni aux honneurs, ni à la renommée; toute notre ambition, comme celle de saint Justin, est que sur la terre qui recouvrira un jour notre cadavre on plante une croix en bois noir, sur laquelle on lira pour unique épitaphe ces deux mots : Ci-gît un chrétien!!!

II

L'ORGANISME HUMAIN EXPLIQUÉ PAR LES FLUIDES IMPONDÉRABLES.

> Mesmer succomba par l'incertitude des faits, par l'ignorance du rôle que jouent dans la nature les fluides impondérables alors inobservés. Mais, si le trouveur manqua de génie, il est triste pour la raison humaine et pour la France d'avoir à constater que le magnétisme, science contemporaine des sociétés cultivées par l'Égypte et par la Chaldée, par la Grèce et par l'Inde, eut le sort qu'avait éprouvé la vérité en la personne de Galilée, et à Paris, au dix-huitième siècle, fut repoussée par les gens religieux et les philosophes matérialistes également alarmés.
> H. DE BALZAC.

On nous a fréquemment adressé le reproche de nous occuper avec trop d'amour des sciences occultes ; nous croyons le moment venu de nous justifier, en répondant que c'est la désespérante inanité de la science et de l'érudition modernes qui nous a forcé à remonter à l'antique philosophie de l'Orient, que l'Esprit-Saint, dans les Actes des apôtres, honore en ces termes : « Moïse, ayant été instruit dans toute la sagesse des Égyptiens, était puissant en œuvres et en paroles. » Cette haute sagesse de l'Égypte fut cultivée par les plus grands génies du moyen âge, sous le nom de philosophie hermétique. Délaissée par notre siècle trop superficiel pour en comprendre l'importante nécessité, elle est abandonnée à l'ignorance d'indélicats exploiteurs, qui, sous prétexte de magie, de magnétisme, de science occulte, mystifient leurs disciples ingénus avec une rare impudence.

L'éclat de la lampe d'or de l'alchimie, qui était déposée dans le sanctuaire religieux de l'Orient, est seul assez brillant pour dissiper les ténèbres qui voilent à l'œil les mystérieux replis et les lois invisibles de l'organisme intérieur du monde, de l'homme et de Dieu. C'est pourquoi, répudiant un respect bas comme la faiblesse humaine, pour cet ensemble de préjugés que l'on nomme l'opinion, jamais nous ne consentirons à renier, par une lâche apostasie, la source où nous avons puisé nos connaissances. C'est, au contraire, parce qu'à l'horizon nous voyons grandir de jour en jour l'opposition contre la vérité que nous défendons qu'élevant notre croyance au magnétisme comme un étendard, et plein de confiance dans le courage et le désintéressement de tous ceux qui voient dans le somnambulisme la ruine de la philosophie moderne, et la renaissance des croyances religieuses, nous leur crions des lèvres et du cœur : En avant !

Vers notre vingtième année, comme tous nos contemporains, nous avons senti en notre âme la lumière de nos croyances religieuses pâlir et s'éteindre, le vide du doute nous ronger le cœur, et un découragement, immense comme l'infini qui nous échappait, attrister désespérément tout notre être ; c'était la nuit du scepticisme qui descendait sombre et sinistre en nous. La philosophie du siècle avait pour ainsi dire asphyxié notre intelligence en nous montrant les dogmes comme d'ingénieuses fictions destinées à asservir les hommes en brisant leur raison ; mais, au milieu des ténèbres où nous gisions, une lumière d'un éclat surnaturel a de nouveau éclairé notre âme ; nous avons senti, avec une ineffable béatitude la croyance renaître en nous ; cette lumière, c'était le magnétisme.

Nous étions sceptiques quand ce coup de la grâce nous renversa, nous et l'échafaudage de nos doutes ; quand nous nous relevâmes, nous étions apôtres, avec un enthousiasme ardent comme la passion. Nous résolûmes de tailler dans le magnétisme un divertissement destiné à convertir à la vérité tout homme qui en serait l'heureux spectateur, en lui démontrant par de trop prodigieux phénomènes pour être produits par la matière l'existence de l'âme. Nous n'avons demandé au magnétisme ni or ni honneur, et nous avons pour lui affronté les sarcasmes des sceptiques et les risées d'un monde incrédule, poitrine découverte et au premier rang, risquant de faire attacher à notre nom l'épithète de fou. Pour braver ainsi l'opinion publique qui vous flagelle jusqu'au sang et vous perce le cœur des traits acérés de son ironie, il faut sentir en soi la force de celui qui a vaincu le monde, et avoir toujours présent au cœur et à la pensée la face divine de Jésus rougie, souffletée et couverte de crachats, trois nuits avant celle de sa glorieuse résurrection.

Nous n'avons cependant jamais cru à la constante lucidité des sujets magnétisés; en conséquence, nous n'avons jamais employé le somnambulisme à la recherche d'objets perdus, comprenant l'instabilité sans cesse variable de ces phénomènes. Nous n'avons vu, en cette science éminemment fugace et improgressive, qu'une lumière qui éclairait les mystères intérieurs de l'organisme de l'homme. L'erreur dans laquelle beaucoup de magnétiseurs d'une intelligence débile sont tombés a été d'admettre la persistance de la lucidité chez leur sujet et de transformer chacune de leurs paroles en oracle. Aussi, ce qui distingue la tradition chrétienne et sa doctrine sur l'éternité de celles des plus remarquables extatiques, et en même temps lui assure une incontestable supériorité, c'est la persistance en elle de l'inspiration, partant l'infaillibilité de ces prophètes, de ces voyants, de ces extatiques.

Avant de décrire les différentes parties de

l'homme dans leur état de résurrection, il faut les étudier dans leur état de vie mortelle sur la terre ; sans cette précaution, la transformation résurrectionnelle serait incompréhensible même pour les plus hautes capacités philosophiques. L'homme est composé de trois parties, l'âme, l'esprit et le corps.

Nous allons commencer par traiter de l'esprit, principe et cause des différentes transformations de la nature humaine en ce monde, et germe de de sa résurrection dans l'autre. Les phénomènes fluidiques des tables tournantes ont appelé l'attention de l'univers sur cette attachante question, qui agite les États-Unis et l'Allemagne, et qui produira la renaissance des croyances, quand une plume inspirée l'aura expliquée. Ce rôle est réservé à la France, que, dans une intuition prophétique, un orateur chrétien a proclamée l'apôtre de Dieu.

L'âme est unie au corps par un fluide très-subtil, impondérable, universel, sans siége particulier ; c'est l'étincelle même de la vie, il circule dans tous les membres et y répand la force, la vie et la chaleur. Sa couleur, visible seulement pour les yeux de l'âme, est celle du feu; son rayonnement est métallique; son éclat, facilement appréciable dans les yeux qui répandent sa lumière par leur regard et aux lèvres qu'il anime de la douce clarté du sourire, *est toujours en raison directe de la pureté, de la force, de la vertu*. Sa nature a certaine analogie avec celle de l'électricité.

Nous croyons utile de rappeler les différents noms qui lui ont été donnés depuis le commencement du monde, avant d'examiner son rôle sur la terre, où il est la vie qui anime les hommes, et dans le ciel, où il devient le vêtement d'incorruptibilité qui éclaire les élus et les bienheureux d'une auréole de lumière.

Les hiérophantes nommaient ce troisième élément de l'homme esprit de lumière; les mages, feu vivant; les Grecs, magnes; les pythagoriciens, esprit du monde; les Latins le nommaient *spiritus;* les platoniciens, médiateur plastique; les Pères de la primitive Église, esprit; les philosophes hermétiques, Mercure vivant; les magiciens, au moyen âge, archée; les francs-maçons, la lumière; les magnétiseurs, le fluide magnétique; nous, enfin, nous l'appelons l'esprit de lumière et de vie. Connu sous différents noms, il a été étudié dans sa nature, apprécié dans ses effets, par tous les hommes qui ont sérieusement contemplé, face à face, le mystère de leurs destinées éternelles. Nous l'avons analysé déjà dans le long travail que nous poursuivons, et décrit dans nos quatre précédents ouvrages ; car il est la clef d'or qui ouvre à l'œil ravi de l'initié et du prophète l'éblouissant domaine du monde surnaturel.

Les Latins donnaient aussi à l'esprit le nom de *mens* (esprit essentiel), car l'esprit devient l'essence qui individualise les hommes entre eux et leur communique le mouvement et la vie. L'homme physique, l'homme moral et l'homme intellectuel, est contenu réellement et en vérité sans la moindre parcelle de cette quintessence vitale qui, non-seulement s'attache à tous les objets touchés par un individu, mais encore à tous ceux qui ont été dans sa sphère de rayonnement.

Cette vérité est une des bases fondamentales de la science magnétique, qui proclame qu'une mèche de cheveux, une lettre écrite, un vêtement porté, un objet touché, remplacent pour le somnambule la présence du consultant, et qui ajoute, avec Deleuze, que, l'essence fluidique étant une émanation de nous-mêmes, dirigée par notre volonté, magnétiser, c'est faire rayonner son individualité, afin de s'infiltrer dans les veines d'un autre et, par un phénomène de transsubstantiation, le rendre participant de sa substance en lui communiquant son âme, sa vie, sa chair, son sang, sous forme de fluide.

Toute la médecine, dans l'avenir, consistera à chasser l'essence morbide, source des maladies et de la mort, et à la remplacer par une essence pure et salubre. C'est en vertu de cette croyance que les femmes portent, nattés en bracelet et enfermés dans des médaillons, les cheveux d'un être aimé ; car l'amour, plus intuitif que la science, plus savant que l'Académie, leur a appris que ces cheveux contenaient réellement et en vérité l'objet de leur amour. La religion catholique, qui a la connaissance des vérités les plus cachées du monde surnaturel, non-seulement conserve précieusement enchâssés dans l'or et les pierreries des morceaux des vêtements et des ossements des saints; mais elle se sert de ces pieuses reliques dans les maladies et les applique sur les parties souffrantes, afin de les rendre à la santé.

Que nous importe que la philosophie ne croie pas aux reliques, du moment que les femmes et les peuples, c'est-à-dire le cœur élevé à sa plus haute puissance, y croient; car un cerveau qui raisonne est bien moins savant dans la science de l'éternité qu'un cœur qui aime.

L'essence fluidique se trouve modifiée par tous les milieux où elle réside. Pour rendre cette vérité visible, un philosophe hermétique cite cet exemple : Prenez, dit-il, une branche de prunier, greffez-la sur un abricotier, l'esprit qui est la séve de l'abricotier pénétrera la branche du prunier; là, il se changera en esprit de prunier, et, en vertu de sa puissance génératrice, il développera cette branche et la couvrira au printemps d'une neige de fleurs rosées, qui ne tarderont pas à se nouer en prunes. C'est pour cela que la religion recommande de nettoyer la coupe avant d'y mettre le vin généreux de l'esprit.

L'essence fluidique qui entretient la vie en nous est modifiée, non-seulement par tous les milieux où elle réside, mais par toutes les impressions que subissent ces milieux, par l'action de la volonté, de la pensée et des influences du monde extérieur. Cette vérité devient une certitude visible pour les yeux de l'intelligence quand on suit avec attention les mobiles changements de ces physionomies.

C'est le fluide, en effet, qui, par les modifications qu'il reçoit, fait apparaître en relief, sur les traits du visage, les impressions intérieures. C'est lui qui, lorsque l'organisme est livré aux furies orageuses de la colère, semblable à la foudre, jaillit de l'œil en regards courroucés. C'est lui qui brûle d'un feu sombre dans l'œil de l'envieux, et éclaire d'une douce et tendre clarté les yeux de l'homme heureux.

C'est pourquoi l'on anime un somnambule de son esprit, on lui communique sa pensée en lui infiltrant de son fluide ; de là cette tradition généralement répandue que la personne qui boit dans un verre après un autre connaît sa pensée, charmante et délicate perception de la vérité que nous venons de proclamer, et qui fait considérer l'esprit, dont la grâce anime les lèvres et dont d'invisibles parcelles sont restées au fond du verre, comme les traces de la pensée fluidifiée.

L'une des plus remarquables propriétés de l'esprit de vie est sa puissance générative. C'est pour reconnaître cette incontestable propriété que, dans les philosophes hermétiques, le nom de feu générateur lui est donné. Ainsi l'esprit est non-seulement chair quand il traverse la chair, os quand il traverse des os, mais de plus il développe toutes les parties dont il est l'essence vivifiante. Pour mettre un membre en mouvement, on est forcé d'y porter cet esprit qui laisse la force et le développement aux parties du corps où il a séjourné, semblable en cela à ces fleuves qui laissent la fertilité aux terres qu'ils ont recouvertes de leurs eaux bienfaisantes ; en sorte que l'on peut formuler comme vrai cet axiome, base de la science gymnastique : *Exercer les membres, c'est les fortifier.* L'éducation consiste dans la direction imprimée à cette force plastique pour développer les différentes parties de l'homme, selon les proportions harmonieuses qui, aux yeux de l'art, constituent la beauté. L'instruction, comme l'indique sa racine étymologique, consiste dans la structure intérieure que par les exercices intellectuels l'on donne au cerveau ; car, sachant que l'esprit qui donne la vie aux facultés, et qui est la source des penchants, aime à résider sur le plus haut sommet du crâne, il faut faire en sorte que les hauteurs les plus élevées soient celles du juste, du vrai et du beau, afin qu'y séjournant avec amour il les féconde et les fortifie de sa lumière, et leur fasse produire des fruits de science, de justice et de vérité. Les pensées, les impressions et les actions laissent chacune leur trace à l'organisme humain, que les parents transmettent à leurs enfants immuablement semblable au leur en forme et en substance, et enrichi de tous les progrès dont ils l'ont doué durant leur vie, ou détérioré par toutes les altérations qu'ils lui ont laissé subir ; car, par un miracle de la justice éternelle, on revit dans ce monde en sa race, en attendant qu'on revive dans l'autre en sa chair ressuscitée.

Nous avons déterminé la nature de l'esprit de

lumière et de vie, en prouvant qu'il était l'essence qui animait les hommes et les individualisait, et démontré qu'il était non-seulement modifiable par la pensée, l'impression et l'action, mais de plus une essence génératrice développant l'homme par l'exercice et le reproduisant par la génération. Nous le montrerons bientôt avec bonheur reconstruisant, par la résurrection dans l'autre monde, l'individualité de l'homme tel que l'auront faite ses vices et ses vertus. Mais auparavant il nous reste à étudier son rôle sur la terre, afin de rendre sensible à l'intelligence son action dans les phénomènes du mouvement de l'attraction amoureuse et de la vision extatique, lorsqu'il donne à l'âme des ailes pour s'élever jusqu'à l'intelligence du monde surnaturel, jusqu'à la vision béatifique de son Dieu !

Les philosophes hermétiques donnèrent le nom de *Mercure vivant* (*Mercurius vivus*) à l'esprit considéré comme source de mouvement. Virgile, dans son intuition des mystères de la nature, avait écrit auparavant ces deux mots à jamais remarquables : *Mens agitat molem* (l'esprit agite la matière). En effet, nous avons démontré que dans la race humaine, dans le règne animal, les membres ne se développaient que par la résidence de la force plastique, qui est l'essence générative ; or l'enfant, qui a tout ses membres à développer, éprouve, en vertu de la loi qui veut l'achèvement physique de toute création, un besoin immense de locomotion, un ennui inquiet dans le repos qui le transforme en un mouvement perpétuel. Sans cette force qui l'oblige sans cesse au mouvement, ses membres, n'étant pas fécondés par la circulation de ce fluide vivifiant, source de toute force, seraient frappés inévitablement de débilité inerte. Nous croyons, de plus, que ce fluide, infiltré dans une table sous l'action d'une volonté énergique, peut lui communiquer le mouvement, *incedo per ignes*. Nous marchons, en énonçant cette pensée, sur des charbons ardents, car nous proclamons une vérité que n'admettent pas les académies ; mais, semblable aux anciens chevaliers, nous abaissons notre visière et nous courons de préférence à la défense des parties les plus ardemment attaquées, car c'est là où s'échangent les grands coups d'épée qui décident de la victoire. Le magnétisme, sur le terrain de cette question, a donné rendez-vous à la science. Nous nous y sommes rendu, persuadé que les peuples ne reviennent à la foi que par la voie merveilleuse du surnaturel ; il faut la leur frayer en terrassant le scepticisme, comme jadis l'ange de lumière écrasa sous ses pieds l'archange révolté contre l'Éternel.

Lorsque l'esprit générateur, en vertu de son activité intérieure, a formé tous les membres de l'homme en les parcourant de son essence vivifiante, alors il s'y ennuie, et son inquiète activité a besoin d'effusion et d'épanchement extérieurs ; il devient une force attractive et prend le nom de *charme* dans les ouvrages des magiciens du moyen âge. C'est au printemps de la vie, âge nommé, dans le langage de l'Église, âge des passions, que l'esprit, comme un souffle phosphorescent, circule dans les membres de l'adolescent et les embrase de ce feu humide de l'amour qui brûle sans consumer ; il ondoie dans la chevelure, rayonne tendrement dans le regard, dilate les narines mobiles et frémissantes qui s'entr'ouvrent comme à l'aspiration d'un parfum, anime d'une grâce lumineuse les lèvres, avive la fraîcheur du teint : c'est la vie fringante, impatiente, fougueuse, qui parcourt de sa flamme caressante, avec une fierté triomphale, le corps qu'elle vient de terminer, et, sans prendre de repos, aspire à en créer d'autres; alors, par un doux et tendre rayonnement, le charme, s'épanchant en effluves, allume le regard, sourit aux lèvres, se joue dans les cheveux, resplendit aux épaules, jaillit d'une pose scabreuse, ou découle d'une attitude alanguie, puis court enrouler sa proie dans les liens invisibles du désir, la pénètre, l'enivre, remplace en son cerveau la raison par le vertige, en ses veines le sang par un souffle de feu, l'arrache à la terre dans le tourbillonnement, l'enivre d'une étreinte angélique et l'entraîne dans un courant magnétique plus puissant que celui qui pousse le fer à s'élancer vers l'aimant, avide de se fondre à lui dans un baiser sans fin.

C'est le charme qui enveloppe d'un vêtement d'attraction les contours gracieux et polis, la forme élégante et délicate du corps d'une jolie femme. Dès que les yeux se sont arrêtés avec complaisance sur ceux d'une de ces douces créatures douées par l'art et la nature de la puissance charmeresse et y ont bu le feu languide des désirs inassouvis ; dès que l'imagination a enlacé de ses bras ardents la nonchalante flexibilité de sa taille voluptueuse ; dès que les sens ont pris plaisir à respirer le parfum subtil et pénétrant qui s'échappe d'une femme gracieuse et charge l'air d'émanation amoureuse ; dès qu'on a contemplé la douce clarté du sourire qui entr'ouvre sa bouche, comme pour appeler les baisers, alors, sans qu'il soit besoin que les lèvres aient effleuré sa chair soyeuse et frémissante, que la main ait touché sa main dans un contact magnétique, les charmes de cette femme, ou son essence rayonnée, s'insinuent lascivement dans les veines et imprègnent le sang des ardeurs incendiaires de la concupiscence, la tentation possède tous les nerfs, et n'importe en quelle solitude que l'on se retire, l'on emporte avec soi la flèche passionnée du désir qui vous transperce le cœur. L'harmonie du monde physique, qui a pour but l'équilibre des inégalités, ne veut pas que l'attraction passionnée soit le résultat d'une affinité dans l'essence fluidique, mais au contraire d'une cohésion qui fonde en une seule deux essences de nature différente, car le croisement des races est indispensable au perfectionnement physique, moral, intellectuel, de l'espèce humaine. Les mythologues grecs ont révélé cette vérité importante en nous montrant Mars étreignant dans ses bras nerveux le corps délicat et fragile de Vénus, et pressant sur sa poitrine brunie son sein blanc, doux et satiné, et ses lèvres courbant sous leurs baisers la jolie tête de la déesse de la beauté. La loi de l'attraction amoureuse étant l'harmonie des contraires, ce sont habituellement les femmes les plus faibles, les plus languissantes, qui, par le charme d'un magnétisme secret, attirent dans leurs bras les hommes les plus robustes. Depuis le commencement du monde, la beauté dit au cœur, à l'âme, au sens de l'homme : Viens! doux mot d'amour, qui rougit la joue et amène aux lèvres la grâce du sourire, fait battre le cœur et fond l'homme et la femme en un ange, dont l'esprit, ivre de béatitude, tourbillonne vers le ciel!

Mais laissons l'homme unir ses lèvres à celles

de son amante, avec les frémissements mélodieux d'une lyre; laissons la femme appuyer son bras tendrement sur un bras plus robuste, et les couples amoureux disparaître dans les sentiers ombreux des arbustes en fleurs; car, suivant la belle pensée de saint Grégoire, il faut s'occuper de l'amour humain, mais seulement comme transition rapide à l'amour divin, de peur que les sens, qui ne nous sont donnés que comme un levier pour élever l'âme, ne contribuent au contraire à l'opprimer et à l'appesantir. Nous avons vu que l'esprit de lumière enflammait les cœurs des feux de l'amour et attirait les êtres de sexes différents les uns vers les autres par les liens invisibles d'un charme ravissant; il va maintenant être considéré par nous comme le feu sacré de l'inspiration qui éclaire l'intelligence. Quand le fluide magnétique pénètre de ses effluves un somnambule, il engourdit ses membres, assoupit le corps, éteint la vie des sens, et plonge la chair dans un sommeil de mort; l'âme, profitant alors de cet anéantissement momentané de la matière, se débarrasse des organes matériels qui l'oppriment, entre en communion directement, et, sans agent intermédiaire avec le monde extérieur, franchit les limites de temps et d'espace, et parcourt le monde de l'éternité. Il n'est pas nécessaire d'avoir été initié dans le sanctuaire divin, ou d'avoir hérité du manteau du prophète Élie, pour comprendre que l'esprit qui, dans le sommeil magnétique, dégage l'âme de nos organes endormis au jour de notre résurrection, la délivrera de nos organes en dissolution, et, procédant de notre chair dont il est l'essence, il reconstituera dans l'autre monde notre individualité morale et physique; car il est le germe de notre résurrection, et, en sa qualité de germe, il contient une fraction de toutes les parties de l'homme, d'où il émane. Seulement, lorsqu'il est semé dans la chair par l'amour, il reproduit l'individualité de l'homme, qui l'a laissé, avec un voluptueux tressaillement de plaisir, arracher à sa substance pour former des enfants qui lui succéderont sur cette terre et seront la chair de sa chair, le sang de son sang, les os de ses os; auront l'expression de ses traits, la lumière de ses yeux, la grâce de ses lèvres, enfin porteront, répandu sur leur visage, le souffle de la vie que l'on nomme air de famille; en sorte que la postérité est le prolongement de l'individualité à travers les siècles. Nous sommes les artisans du bonheur de nos descendants ici-bas et de notre béatification dans le royaume de Dieu où tous nous sommes, par la vertu, certains d'entrer. Mais, lorsque c'est la mort qui sème notre germe dans le monde de l'éternité, notre individualité ressuscite revêtue d'immortalité et douée des facultés que nous avons admirées dans les âmes dégagées du corps par le sommeil magnétique. Nous venons d'ouvrir un jour à l'intelligence sur les mystères du surnaturel, en étudiant l'homme et en montrant qu'il existe en lui un esprit qui, après nous avoir animés ici-bas, nous reconstituera dans l'autre monde, quand, de la poussière où nous aura renversés l'ange de la mort, nous nous relèverons libres, souverains et immortels!

III

LE PÉCHÉ ORIGINEL CONSIDÉRÉ COMME CAUSE RÉELLE DE LA MORT.

> L'âme est un ange intérieur enveloppé dans les organes matériels du corps de l'homme.
>
> La mort est fille du péché.

Nous n'avons placé notre confiance en rien de ce qui est nouveau sous le soleil. Nos idées sont aussi vieilles que le genre humain; tous les éléments qui constituent l'homme vivant dans ce monde et ressuscité dans l'autre ont été connus dès la plus haute antiquité. Il ne s'agit, pour en être convaincu, que de remonter jusqu'au sanctuaire de l'Orient, où tous les instituteurs du genre humain, les fondateurs de religions et les législateurs sacrés allaient puiser l'eau vive de la science de l'homme du monde et de Dieu, dans une initiation où la sagesse et la philosophie s'embrassaient en sœurs sur l'autel de la vérité.

Dans ce siècle, grand nombre d'esprits superficiels, disciples de l'ignorante philosophie de Dupuis, qui, prenant le symbole pour l'objet symbolisé, ne voient dans l'Évangile qu'une légende astronomique, et confondent l'âme de l'homme avec son esprit, la regardent comme un feu subtil qui, après la mort, va infailliblement rejoindre le foyer lumineux qui lui a donné l'être. C'est parce que la franc-maçonnerie et le magnétisme dirigent leurs adeptes vers l'écueil menaçant de ce panthéisme spéculatif, qu'arrachant le gouvernail aux mains inhabiles qui le tiennent, prenant l'Évangile pour carte routière, nous les conduisons, par le chemin de la tradition chrétienne, vers les rives bénies de l'éternité.

En face de ce port nous jetterons l'ancre de

nos espérances, en attendant que le vent de la mort nous y fasse entrer.

Pour empêcher de confondre l'âme avec l'esprit, nous allons l'étudier dans sa nature et dans ses facultés. Il ne faut pas craindre, quand l'on veut gravir la montagne de la vérité, d'ensanglanter ses pieds aux ronces du chemin, et de teindre en rouge les anfractuosités des roches où l'on s'accroche avec ses ongles saignants. Quand au bas il y a l'abîme du doute, et au sommet la splendeur de la vérité, les obstacles et les souffrances du chemin n'existent plus, et les couronnes d'épines se changent en auréole de lumière.

On est frappé d'un étonnement douloureux à la vue de la lutte impie des hommes pour effacer de leur front le signe glorieux de leur immortalité, éteindre leur âme dans l'ivresse, et oublier leur Dieu dans les bras libertins de la débauche. Ils ignorent qu'en eux vit un ange intérieur, et que cet ange intérieur est cette portion immortelle de leur être que leur catéchisme, avec une pieuse vénération, appelait âme.

Pour comprendre cet incompréhensible oubli de l'âme, il faut remonter jusqu'à la déchéance originelle de l'homme. Sans la connaissance et l'explication de cette dégradation originelle, l'homme est un livre fermé, une énigme vivante jetée par la main de Dieu sur cette terre. C'est la lumière du glaive de feu de l'archange, chassant l'humanité du paradis terrestre, qui, seul, peut dissiper à nos yeux les ténèbres qui recouvrent les sombres profondeurs de l'organisme humain, et nous faire comprendre les admirables facultés de l'âme, cet être intérieur qui est en nous, et que nous laissons dormir d'un sommeil de mort. Ce dogme de la chute d'Adam est un de ceux que la raison, au jour où elle étendit le christianisme sur son lit de Procuste, supprima impitoyablement; mais nous, auquel le respect pour la tradition catholique a donné un front plus vaste que le sien, nous pouvons comprendre des vérités que le manque de capacité empêchait la philosophie moderne de comprendre. Ce qui constitue la réelle supériorité de la raison catholique sur celle des philosophes et des savants de ce siècle, c'est qu'outre leur science elle possède celle du monde surnaturel. La raison n'étant qu'une opération du cerveau qui saisit un rapport, une analogie, et la philosophie moderne ne connaissant que le domaine des sciences naturelles, elle y cherche vainement des analogies avec le surnaturel, qui est l'essence de la vie de toutes les religions.

Ces analogies cherchées n'existent que dans le monde surnaturel où elle n'a jamais pénétré; aussi, lui étant impossible de comprendre le christianisme, elle refuse en son orgueil de prosterner un genou humilié devant l'éternelle majesté de son incontestable vérité.

Au commencement était Dieu; avant de s'épandre au dehors, par une création formelle et plastique, il vivait en lui-même son éternité. Les premiers êtres créés par la parole divine furent les esprits qui reçurent le nom d'anges ou de messagers. Nous ne faisons ici que mentionner l'époque de cette création; mais nous mentirions audacieusement à notre titre si nous ne nous occupions pas sérieusement dans les chapitres suivants d'étudier la nature, l'essence et le ministère des anges.

L'homme étant destiné à avoir pour compagnons d'éternité des esprits, l'autre monde ne sera véritablement ouvert à l'intelligence et visible aux yeux de l'esprit qu'après que nous aurons fait connaître les lumineux habitants qui le peuplent.

La seconde création de la Divinité fut celle du monde. Dieu lança dans l'espace les astres qui roulent leurs globes d'or avec harmonie au-dessus de nos têtes, et les unit les uns aux autres par les liens attractifs d'une solidarité respective, afin que leur course fût innocente, et que, dans leur vol rapide à travers l'espace, ils ne se heurtassent pas dans un choc terrible.

Lorsqu'il eut semé d'étoiles d'or la tente d'azur du firmament, et qu'une riche et féconde végétation tapissant le sol eut changé la terre en un jardin délicieux, il peupla d'animaux la solitude des bois, de poissons l'abîme des mers, et d'oiseaux l'immensité des airs ; enfin, il établit l'homme souverain maître de la création, et, arrachant une partie de sa plus pure substance, à l'endroit où les os se forment en bouclier pour protéger le cœur, il en fit la femme ; cette douce et gracieuse compagne, auréole d'une flamme caressante, qui échauffe le cœur, éclaire l'intelligence, charme les sens et laisse resplendir sur ses jolis traits un éclatant reflet de l'éternelle beauté qui est Dieu !

Dieu prit un peu de limon, le pétrit, et, de son souffle divin, il insuffla en lui un être immatériel de la nature des anges, et l'homme, être indéfini formé d'un corps matériel, uni à une âme immatérielle, apparut comme médiateur entre Dieu et le monde, lien d'union entre la terre et le ciel; grand prêtre de la nature, c'est en lui que la matière animée a le privilége d'aimer, de penser, de vouloir et d'agir; c'est par lui qu'elle rend hommage à son Créateur.

Matière et esprit tout ensemble, il est le point d'intersection entre le fini et l'infini, le monde visible et le monde invisible, car la série des êtres substantiels part du grain de poussière et s'élève progressivement jusqu'au corps humain : la plus parfaite des créations matérielles où le règne substantiel est uni au règne spirituel qui part de l'âme, et monte jusqu'au trône de l'Éternel, à travers une série innombrable d'esprits rangés par ordre de clarté.

L'homme est le chaînon qui unit les êtres supérieurs du monde surnaturel aux êtres inférieurs du monde terrestre, ange et animal. Deux routes s'ouvraient devant lui, l'une conduisant à la vie, l'autre conduisant à la mort. Ce fut dans cette dernière que le premier homme s'engagea, entraînant à sa suite les générations de sa postérité future.

Il est utile de parler souvent aux hommes de leur céleste origine, car si noblesse oblige, divinité oblige encore davantage, surtout quand on a à expier les fautes d'une longue série d'aïeux coupables, et devant les yeux le juste fils de Marie, les pieds et les mains percés de clous, le côté ouvert et saignant, la tête couronnée d'épines, s'élevant dans l'air, attaché à une croix, afin d'être plus perpétuellement visible aux yeux de l'humanité; il faut que le ciel pleure pour que la terre sourie et se couronne de fleurs aux nuances brillantes et variées. Il faut que le corps meure à l'exemple de celui du Sauveur, pour que l'âme revive.

Être de raison et d'intelligence, l'homme ne peut vivre sans une loi. Dieu lui donne la loi suivant laquelle il agit lui-même ; tant qu'il demeurera uni à lui, il sera parfait et pur comme son Créateur; toutefois, par un bienfait immense, Dieu lui laisse son libre arbitre, car il ne veut pas le traiter en esclave, mais en fils, et le titre de père est plus doux que celui de maître au cœur du Tout-Puissant.

L'homme était ordre, beauté, puissance; son âme voyait Dieu, conversait face à face avec lui, et pouvait entrer en rapport avec les anges, par la suprématie de son âme sur son corps, et jouissait des propriétés de l'esprit, qui sont l'incorruptibilité et l'immatérialité, partant l'immortalité, *jusqu'au jour où, rejetant la lumière de la grâce, qui brillait en son âme et l'unissait à son Dieu,* il porta la vie qui résidait en son âme comme en un sanctuaire, en sa chair, où elle éveille les concupiscences et les passions, à mesure que l'homme retire la vie de son âme pour la porter en ses sens. Cet ange divin, privé de force, cessa de transpercer du regard le temps et l'espace, et d'être en communion avec Dieu. C'est cette matérialisation originelle qui animalisa l'homme à l'aurore de la création, qui est connue sous le nom du péché originel. Le mot péché vient du mot *peccatum*, qui a pour racine *pecus* (troupeau). En effet, aussi terrible que la baguette de l'enchanteresse Circé, qui changeait les hommes en pourceaux, le péché a changé les hommes en bêtes, les immortels en mortels, car la mort est fille du péché.

Terrible fut la chute qui précipita l'homme de l'état angélique dans l'état bestial ; déplorable fut la dégradation qui, par une progression honteuse, fit descendre à l'humanité tous les échelons qui séparaient l'homme adamique, cet ange terrestre, de la brute.

En vertu de la loi des transmissions héréditaires, que nous avons proclamée dans le chapitre précédent, Adam, en entrant dans la voie de la matérialisation, et en s'animalisant, *s'était laissé revêtir, non-seulement lui, mais sa postérité future, d'organes matériels destinés à la mort comme tout ce qui est matière, à la corruption comme ce qui est corruptible,* en sorte que le fruit de sa faute fut de le revêtir, lui et ses descendants, d'une enveloppe finie, pouvant entrer en communion avec les créations finies, mais ne pouvant plus entrer en rapport médiat avec les anges, les esprits et Dieu. Le monde céleste lui fut fermé, et il se vit condamné, lui et tous les enfants de sa postérité future, à passer sa vie sur le monde terrestre, jusqu'au jour où, la mort le dépouillant de sa chair, pour la jeter en pâture au ver du sépulcre, son âme se trouverait de nouveau libre. La matérialisation fut progressive, et à mesure qu'elle envahit l'homme, la durée de la vie humaine diminua. Adam vécut près de mille ans; mais, quelques générations après lui, la corruption s'était emparée à un tel point de l'humanité, que la durée de la vie humaine était réduite à soixante années.

En vertu de ce grand principe, tout ce qui est *matière entre en décomposition sous l'action du temps;* l'essence transmise dans le germe pour la génération contient toutes les altérations subies, et les enfants héritent de l'individualité de leurs parents; la santé et la beauté sont un blason vivant que le père transmet à sa postérité, un capital infiniment plus précieux que l'argent et l'or, qui s'accroît plus honorablement, se transmet plus sûrement. Adam légua à sa postérité le stigmate de la réprobation divine, que la dégradation avait imprimé à son être.

Le péché originel, non-seulement a matérialisé l'humanité, par une corruption progressive, ruiné sa force, enlaidi ses traits, chargé le sang de ses veines de principes morbides ; mais, de plus, l a substitué à l'harmonie sociale l'anarchie sociale. L'homme, en cessant de vivre de la vie de Dieu, a perdu son innocence, c'est-à-dire qu'il a cessé d'être un être *non nuisible* (le mot innocent venant de *in*, ne pas, *nocere*, nuire), car, la loi qui unissait l'homme à Dieu était aussi la loi qui devait unir les hommes entre eux.

Nous avons démontré que l'homme, en portant sa vie en sa chair, y avait éveillé les convoitises et les ardeurs de la concupiscence, qui se dressent comme un mur de glaces entre le cœur des hommes. C'est le despotisme des sens, la tyrannie de la chair qui ont changé le monde en un vaste bagne, où les cris de haine et les gémissements de la colère se mêlent aux gémissements de la souffrance, où le sang coule sous le fouet et sous le fer. Le péché originel, en portant sa vie en la chair, a donné naissance, en chaque homme, à ce monstre que le paganisme appela l'*hydre de Lerne*, que l'Apocalypse nomma la *bête aux sept têtes*, et l'Église catholique *péchés capitaux*, de *capita*, les têtes, *pecus*, d'animaux.

L'homme, en effet, s'est transformé par le péché, non-seulement en une bête intelligente, mais encore féroce; et, tandis que les bêtes sauvages ne s'entre-déchirent pas entre elles, les hommes s'entre-dévorent les uns les autres. Toutes les fois que l'homme n'a pas tué l'hydre aux sept têtes, que depuis le péché originel il a en lui, ce monstre affamé, cherchant une proie à dévorer, ouvre ses gueules menaçantes et met dans les yeux de l'homme un regard d'hyène, sur ses lèvres une bouche de serpent, dans ses mains un poignard pour se frayer un chemin au détriment des autres et pouvoir repaître son orgueil d'honneur, son avarice d'or, sa luxure de courtisanes, son envie de sang, sa gourmandise de vin, sa colère de vengeance, sa paresse du fruit des labeurs des autres. Tant que l'homme n'aura pas tué en lui la bête féroce qui, comme la mort, est fille du péché, l'homme, au lieu d'être un frère pour l'homme, sera un tigre pour l'homme, et il y aura des larmes et du sang répandus dans ce monde. Le christianisme a compris qu'il fallait détruire le péché pour créer la charité et l'amour ici-bas. Si le socialisme nous a donné le comique spectacle de son impuissance, c'est qu'il n'a pas compris qu'il fallait que chaque homme étranglât en lui, d'une main héroïque, l'hydre du péché, pour que les hommes affranchis devinssent une famille de frères, s'aimant en Dieu!

Quand le péché eut dégradé l'homme, la lumière qui, comme une flamme divine, animait d'une expression angélique ses traits, les abandonna à la décomposition physique de l'abrutissement. Alors les éléments de la nature se révoltèrent contre son joug désormais sans noblesse, et les animaux se dérobèrent à son autorité sans puissance, et la terre, qui avait accepté la souveraineté d'un ange, sanctuaire de Dieu, repoussa celle d'une brute, et la vie, portée en sa chair, éveilla la faim; l'homme fut forcé d'entrer en lutte avec les animaux; la corruption, comme un venin subtil, s'empara de sa substance, circula dans son sein, gangrena sa chair, qu'elle couvrit d'une lèpre immonde, ou de honteux ulcères. La souffrance déchira, des dents aiguës de la douleur, les parties les plus délicates de son être ; la maladie s'empara aussi de son corps et épuisa la vie en ses veines ; enfin les infirmités, envahissant chaque partie de son corps, les frappèrent d'une mort lente, voulant, par une cruauté inouïe, le faire assister au spectacle de son agonie anticipée.

Le péché originel a donc eu pour résultat de masquer l'être intérieur primitif, adamique, angélique, d'une enveloppe charnelle trop bornée pour être en rapport avec la création du monde surnaturel, d'organes corruptibles, soumis à la dissolution, comme tout ce qui est matière, d'éveiller en l'homme les appétits et les passions qui font l'homme criminel, de le dépouiller de sa souveraineté sur la nature, enfin, de le rendre soumis aux maladies et à la mort; mais, de plus, l'âme, que, dans le paradis terrestre, nous nommions un ange intérieur, a conservé le privilége de son immatérialité, l'immortalité ; mais elle est devenue un diable intérieur. C'est cette vérité que l'Église veut révéler quand elle proclame que depuis le péché d'Adam nous naissons tous *enfants du démon*.

Nous venons de faire connaître la vérité primordiale et dogmatique du péché originel, telle qu'elle se trouve dans les archives vénérables de la tradition. Maintenant nous allons examiner l'ensemble des pratiques destinées à réparer les maux faits à l'humanité par le péché et destiné à renouer le fil de communication entre la créature et son Créateur. Cet ensemble se nomme religion (de *religare*, relier) ; car de tout temps et chez tous les peuples, l'homme, se sentant séparé de la Divinité, a travaillé énergiquement à rentrer en relation avec son Dieu.

Après avoir diagnostiqué les caractères de la chute, il nous reste à examiner les procédés semblables à l'aide desquels tous les instituteurs des cultes et les fondateurs de religion ont tenté de ramener l'humanité à son état de dignité primitive, afin de la remettre en possession de la puissance adamique. Le caractère physiologique du péché originel étant la matérialisation ou l'emprisonnement de l'être intérieur dans l'enveloppe périssable des organes charnels, les initiations de l'antique Orient ont tout usé la chair des récipiendaires par le jeûne, la macération et le régime de la plus austère mortification. Quand Jésus-Christ vint donner en spectacle au monde les mœurs d'un Dieu et montrer le chemin des cieux, il a commencé par sevrer sa chair de nourriture au désert, la laisser flageller, couvrir de crachats et de soufflets, déchirer par une couronne d'épines, trouer par le fer d'une lance, enfin crucifier et pendre saignante à une croix.

Les premiers chrétiens, ses disciples, ont traité leur chair avec une rigueur qui montre combien ils avaient une intelligence nette et précise du dogme du péché originel, quand, pour dépouiller leur être intérieur de ce que saint Paul appelait « un corps de mort » (*corpore mortis hujus*), il se retirait au désert pour exténuer, par le jeûne, rouler sur un lit d'épines, revêtir d'une chemise de crin, flageller jusqu'au sang, combattre par des macérations et des pénitences inouïes, la chair qui, depuis le péché d'Adam, masque, de l'enveloppe grossière des sens, l'âme et l'empêche d'entrer en rapport avec le monde de l'éternité et de reprendre possession de son Dieu, en attendant le jour de la mort que l'Église, dans son gracieux langage, nomme les *noces éternelles*, où les âmes des vierges de l'Écriture, qui veillent nuit et jour en attendant l'Époux, voleront, blanches et pures fiancées, pour s'unir dans le ciel à leur bien-aimé et se fondre avec lui dans les suaves embrassements de la béatitude divine, et goûter cette volupté des cieux qui pénétrait doucement le cœur de l'apôtre saint Jean, quand il reposait tendrement sa tête sur la poitrine bien-aimée de Jésus, son Maître et son Sauveur.

Il ne suffit pas de crucifier sa chair à l'exemple du Fils de Dieu, de l'user par les macérations, enfin, de mortification en mortification, de finir par s'envelopper dans le linceul sanglant du Christ mort. Il faut, pour détruire le caractère psychologique de la déchéance originelle, que l'âme, qui, par le péché originel, en rejetant la lumière divine qui la faisait semblable aux anges, est devenue semblable aux démons, ranimée par le souffle divin de l'esprit, qui est la vie de la grâce, soit de nouveau rendue semblable aux lumineux habitants du ciel; enfin, que l'essence soit sanctifiée par les sacrements, dont le but, comme l'indique la racine étymologique (*sacrare*, sanctifier; *mentem*, l'essence spirituelle), est d'être les canaux de la grâce qui la font circuler en nous, pour transformer nos membres en temple de l'Esprit-Saint.

Le péché avait substitué l'anarchie sociale à l'harmonie sociale, et avait fait de l'homme une bête féroce pour l'homme. La grâce, en rachetant, suivant l'expression pittoresque et si vraie du langage de l'Église catholique, l'homme de l'esclavage du péché, substitua l'harmonie sociale à l'anarchie sociale, et a fait de l'homme un frère pour l'homme, qui monte jusqu'au ciel emprunter le cœur de Dieu, pour aimer d'un amour infini les pauvres, les souffrants, que Jésus-Christ a tant chéris pendant son séjour sur cette terre.

Le péché avait enveloppé l'âme d'organes finis et lui avait fermé le monde de l'éternité; la mortification, en usant la matière et la grâce, en ranimant l'âme, lui a permis de pénétrer, par la route de l'extase, dans le domaine de l'éternité, et d'entrer en rapport avec les esprits immortels qui la peuplent.

Le péché avait déchaîné l'orage des éléments, ainsi que la furie des bêtes féroces, contre l'homme, et livré son corps à l'invasion des maladies et à une corruption anticipée.

Les saints, en vertu de la grâce qui anime leur âme, comme la lumière de Dieu animait celle d'Adam avant sa chute, commandent aux éléments révoltés, apprivoisent la férocité des animaux rugissant de furie et de faim, étendent leurs mains sur les malades et les infirmes et ils les guérissent. Chacun des actes miraculeux opérés par eux est une victoire remportée sur la révolte anarchique de la nature, une reprise de possession par l'homme de sa souveraineté sur la création, dont le péché originel l'a dépouillé. Nous venons de faire connaître l'âme, cet être intérieur, immortel, angélique, qui, souillé à l'origine de la création par la fange du péché, a été lavé dans le sang d'un Dieu et rétabli dans son état de dignité primitive. Maintenant suivons-la au delà du tombeau, examinons l'essence lui reconstituer un corps nouveau et immatériel, détournons nos regards du paradis terrestre, et fixons-les sur le paradis céleste, que nous allons voir à la suite des saints religieux qui, morts au monde et ravis par l'extase à la terre, sentaient en leur poitrine enivrée de volupté et de céleste béatitude leur âme revivre, et, sur l'aile de l'inspiration contemplative, visiter les cieux et monter jusqu'au trône de l'Éternel!

IV

DE QUELLE MANIÈRE S'OPÈRE LA RÉSURRECTION DE L'HOMME APRÈS SA MORT.

> Le corps, comme les semences, est mis en terre prêt à se corrompre ; mais il ressuscitera incorruptible. Il y est mis corps animal, il ressuscitera corps spirituel.
> SAINT PAUL.

> De même que le gland mis en terre ressuscite chêne, le cadavre mis en terre ressuscitera corps transfiguré.

Nous avions déjà fait traverser plusieurs fois à nos lecteurs les régions que nous venons de parcourir ; maintenant nous allons visiter des contrées que notre plume n'a jamais décrites, nous allons atteindre ces sommets escarpés que la lumière de l'inspiration, auréole d'une couronne de feu, où le cœur se détache, la conscience se retrempe, la volonté s'acère, où l'on sent quelque chose de grand, comme l'héroïsme, bondir en sa poitrine, et où l'âme converse avec son Dieu et apprend de lui ce que c'est que la vie, ce que c'est que la mort, ce que c'est que la résurrection.

En soulevant devant l'œil ravi de l'intelligence un coin de ce rideau épais qui lui dérobe le monde surnaturel, en venant lui dévoiler les invisibles opérations qui président au mystère caché de la résurrection, l'on essuie à un voile d'espérance les tempes glacées par les sueurs de l'épouvante à l'approche du terrible passage qui sépare la vie du trépas ; et l'on donne à l'homme cette sérénité souriante du visage, cette tranquillité de cœur qui convient aux chrétiens qui entrent le front haut, rayonnant de célestes béatitudes, dans l'éternité.

Il ne suffit pas de venir dire à l'homme : Tu ressusciteras, il faut, de plus, lui faire connaître de quelle manière s'opérera pour lui cette résurrection. Le moment nous semble venu, grâce au rapprochement des distances et à la diffusion des connaissances, où la vérité, comme un soleil, se lèvera et éclairera, pour les yeux de tous, les parties les plus obscures de l'organisme humain, et où Dieu viendra de nouveau visiter les intelligences assises à l'ombre du doute et rallumer dans tous les cœurs le feu sacré de la vie éternelle.

L'âme manifeste ses facultés surnaturelles, dans l'état de somnambulisme, où elle est dégagée du corps endormi; dans l'état de renaissance, où elle est libérée du corps mortifié; dans l'état de résurrection, où elle est délivrée du corps mort. Ces trois états renversent l'ordre borné de l'organisme déchu en arrachant la vie aux sens pour les porter en l'âme, et en conséquence ramènent l'homme en partie à son état primitif de puissance adamique. Le somnambulisme est un état dans lequel le corps, plongé dans un sommeil factice ou naturel, laisse l'âme, animée d'une vie presque galvanique, se dérober à ses liens charnels, voler à travers l'espace, transpercer les corps opaques, visiter des pays lointains, entrer en rapport avec des inconnus. Seulement, tout le monde n'est pas somnambule, et chez ceux qui le sont la vision est irrégulière, incomplète, inégale, instable, capricieuse et fugace. Cet état ne peut servir qu'à démontrer rigoureusement l'existence d'une âme et à donner un aperçu de ce que doivent être les facultés d'une âme délivrée entièrement du corps, en montrant ce que sont celles d'une âme qui en est imparfaitement dégagée.

L'état de renaissance est, comme l'indique son nom, une seconde naissance que subit l'homme, sans qu'il soit besoin pour cela, comme le croyait niaisement Nicodème, qu'il rentre dans le sein de sa mère. La première naissance pour l'homme est l'acte d'excoriation par lequel il sort du sein de sa mère; la seconde est pareillement un acte d'excoriation par lequel l'être intérieur que nous nommons âme sort de l'enveloppe charnelle dont il est revêtu depuis le péché, quand il est dépouillé, par l'eau de la pénitence, de sa chair corrompue qui le recouvre, et extrait et vivifié par le souffle inspirateur de l'Esprit-Saint; alors, semblable aux anges et aux esprits qui peuplent le domaine du monde surnaturel, il traverse les mers, pénètre dans les lieux les plus inaccessibles et les mieux fermés, se transporte dans le passé et dans l'avenir sans difficulté aucune; car, étant immatériel, il ne peut être limité par les obstacles matériels de temps et d'espace. La tendance de tous les êtres régénérés est de plonger, au delà du monde et des sphères créées, leur regard dans les immenses profondeurs de l'éternité.

L'état de résurrection est l'état dans lequel se trouve l'être intérieur. L'âme, lorsqu'elle a abandonné le corps animal, c'est l'être intérieur dévêtu des organes finis qui l'enveloppaient, et manifestant ses facultés supérieures ; c'est la partie immortelle, l'âme, qui est de même substance que les anges, et par conséquent ne peut jamais entrer en dissolution, quittant la partie corruptible, le corps qui, étant comme tout ce qui est matière un composé de principes hétérogènes, doit se dissoudre sous l'action de la mort et rendre chacune de ses molécules aux parties de la nature auxquelles il les a empruntées. Si l'âme, dans l'état de somnambulisme, bien qu'imparfaitement dégagée des organes finis par le sommeil, peut parcourir d'un vol hardi toutes les sphères créées, faire le tour de l'univers, pénétrer dans les retraites les plus cachées de l'espace et du temps, combien à plus forte raison l'âme, délivrée parfaitement des liens de la chair qui la retenaient captive, connaîtra-t-elle les lois les plus mystérieuses qui gouvernent les mondes, les arcanes les plus secrets de la nature, et, ayant la science des choses divines et humaines, tous les temps, tous les lieux, toutes les destinées seront présents à sa pensée.

La partie animale de l'homme étant dévorée par la mort, la partie brute ayant disparu, il ne reste plus de lui que l'âme, c'est-à-dire un ange doué d'ailes célestes pour franchir les distances de temps et d'espace, parcourir les siècles et l'univers, afin de voler jusqu'à Dieu. Elle éprouvera le sentiment de béatitude infinie qui enivrait d'une volupté céleste la belle pécheresse Marie-Madeleine, lorsque, dénouant ses cheveux blonds et soyeux, elle les laissa ruisseler sur ses blanches épaules, en flamme caressante, pour en essuyer les pieds divins de

Jésus, son bien-aimé Sauveur et maître, avec l'onctueuse tendresse du plus fervent amour.

Avant de passer à la démonstration de la résurrection de la chair, il nous semble nécessaire de rappeler que la souveraine béatitude de contempler Dieu face à face est seulement le partage des âmes qui, ayant de nouveau reçu et gardé la lumière de Dieu par une miraculeuse renaissance à la vie spirituelle de la grâce, sont dans un état semblable à celui des anges, et peut-être plus méritoire encore ; car à côté de la gloire de conserver la lumière de Dieu comme les anges, il y en a une autre non moins brillante, qui consiste à reconquérir cette lumière perdue par ses ancêtres, en marchant sur la trace sanglante que les pas bénis du Sauveur Jésus ont laissée sur la route qui mène au Golgotha.

L'Église, par une expression pleine de charme, de poésie et de vérité, appelle *mourir en état de grâce*, lorsque la mort, dépouillant des organes charnels une âme, elle se trouve semblable à un ange vivant de la même vie que les bienheureux esprits qui habitent le domaine lumineux du ciel, c'est-à-dire de la vie béatifique de la grâce qui, comme une armure d'éblouissante lumière, éclatait rayonnante sur la poitrine de saint Michel archange, quand, de sa lance victorieuse, il terrassait Satan révolté et le précipitait à jamais au plus profond des abîmes infernaux.

C'est une erreur malheureusement très-universellement répandue parmi les adeptes de la philosophie mystique, de croire que toute âme, délivrée de l'enveloppe matérielle des organes charnels qui la recouvrent, est, par cela même, rentrée dans son état de pureté primitive; il faut, de plus, qu'elle soit animée, vivifiée, éclairée de la lumière même de Dieu; sans cela, si elle est possédée par l'esprit de ténèbres, les facultés surnaturelles qui s'épanouiront en elle n'auront d'autre résultat que de donner une énergie infinie à la torture qui martyrisera tout son être, et à lui faire ressentir dans toute sa force le tourment impitoyable de la passion inassouvie qui le dévorera comme une soif ardente, et qui est le désir immense de la possession de Dieu, mal plus cruel que tous les supplices, que les ongles de fer déchirant la chair et la mettant en lambeaux sanglants. Si de jeunes, frêles et délicates femmes bravent la réprobation du monde qui, de son fer rouge, comme les bourreaux du moyen âge, les flétrit au front du stigmate sanglant d'un déshonneur irréparable, afin d'assouvir cette soif dévorante de l'amour et d'éteindre ces feux impitoyables qui étendent leurs bras avides d'étreintes amoureuses, dilatent leurs narines, entr'ouvrent leurs lèvres avec une ardente langueur et les brûlent du désir de presser contre leur poitrine frémissante un amant et de couvrir sa jolie tête de baisers éperdus de tendresse ; si l'espérance de calmer la souffrance de ce mal, que nous nommerons l'amour inassouvi, fait braver le déshonneur et la mort, c'est une preuve qu'il est le plus cruel de tous les maux, puisqu'on lui préfère les plus terribles d'entre eux ; et cependant ce mal n'est rien auprès de celui des damnés, car, dans ce cas, l'amante c'est l'âme, l'amant c'est Dieu, la durée du supplice, l'éternité !

Il est évident que, suivant la doctrine même du Christ, toutes les âmes ne sont pas semblables à des anges de lumière, et, parmi celles qui se trouvent dégagées des liens charnels, beaucoup sont restées sous l'empire et la possession de l'esprit de ténèbres. De là les vrais et les faux prophètes, dont il est parlé dans l'Écriture, qui opèrent les mêmes actes surnaturels, seulement les uns sèment la justice et la vérité, les autres, l'injustice et l'erreur. C'est à la doctrine et aux œuvres que l'on reconnaît ceux qui sont véritablement éclairés de la lumière divine.

L'inquisition, en exterminant dans un océan de sang et de feu les sorciers, attaquait réellement un mal dangereux ; mais l'esprit qui l'animait, outre qu'il était antichrétien, car l'esprit de l'Évangile *éclaire, mais n'égorge pas*, et le cœur du Christ, impitoyable pour *le crime*, était plein d'une miséricordieuse mansuétude pour le *criminel*, tendait de plus à anéantir la croyance au surnaturel et à préparer le règne de la raison bornée qui proteste, personnifiée dans Luther, et de l'ironie qui raille, personnifiée dans Voltaire.

Nous croyons sincèrement *à la résurrection des âmes*, mais c'est parce que notre croyance est basée sur une philosophie très-antérieure à la réforme.

Semblable à la vigne, la femme s'appuie et enivre; offrons à sa faiblesse l'appui robuste de notre force; semblable à la vigne qui serpente en gracieuses arabesques le long des murs, et laisse éclore, sous son vert feuillage, les grappes d'un raisin vermeil, la femme, en reconnaissance de l'appui que nous lui aurons donné, fermera nos lèvres au blasphème, nous apprendra que le cœur du chevalier français qui croit est plus noble que le cerveau du bourgeois voltairien qui raisonne, et, dans l'enivrement de son amour, nous trouverons la vérité.

Maintenant il nous reste à expliquer comment s'opère la résurrection de la chair. Après la mort, tous les philosophes qui ont marché, dans le chemin de la philosophie, sur la trace des pas de Platon, ont tous proclamé la résurrection de l'âme et promis un séjour de délices infinies aux âmes des bons, et une éternité de supplices aux âmes des méchants. Mais pour nous, qui nous rattachons par tous les fibres du cœur à la tradition chrétienne qui, en son *Credo*, proclame sa croyance en la résurrection de la chair, il nous est indispensable de rendre compréhensible à toutes les intelligences la manière dont s'opérera cette résurrection. Le rôle de l'Église est d'enseigner; notre rôle, plus difficile, est d'initier.

Le catholicisme, pour nous, n'est pas un masque que nous appliquons sur le visage de nos idées, afin de les faire pénétrer dans les cerveaux religieux, mais l'explication la plus vraie du mystère de nos destinées éternelles. Les yeux intérieurs de notre âme, ouverts sur le monde invisible du surnaturel, en nous démontrant la rigoureuse vérité des dogmes du christianisme, ont contraint notre main à prendre la plume pour donner, à l'exemple des Pères et des docteurs de l'Église, la démonstration des vérités que les prêtres se bornent à enseigner : il y a d'immenses difficultés, mais, quand on est inspiré de Dieu, les obstacles, qui se dressent devant vous comme des montagnes, deviennent les degrés lumineux de l'échelle d'or dont le pied est à terre, mais dont le haut se perd dans la pure clarté.

Nous avons proclamé, comme une des bases de notre philosophie, l'existence d'un esprit devenant l'essence de tous les corps dans lesquels il est infusé, les nourrissant et contenant dans sa moindre parcelle une fraction de toutes les parties de la plante ou de l'animal qu'il fait vivre, étant, en outre, profondément modifié par tous les milieux où il réside. C'est en méditant sur ces hautes vérités que l'on rend visible, aux yeux de son intelligence, le mécanisme secret de la reproduction des êtres dérobés au regard par le voile de mystère répandu sur toute la nature, et que l'on arrive à percevoir en vertu de quel principe résurrectionnel le gland qui, en sa qualité de germe, contient l'état latent, de l'essence, c'est-à-dire une fraction de toutes parties de l'arbre auquel le vent ou la main de l'homme l'a arraché, après avoir séjourné quelque temps en terre, parvient à en ressortir victorieux et transformé, grâce à un principe générateur fortifiant et vivifiant, nommé par les alchimistes humide radical, ou vigueur ignéale, qu'il a emprunté à la nature du sol qui le recouvrait, pour développer chacune des molécules qui composaient son essence ! En effet, chacune de ses molécules développées reproduit identiquement une des parties de l'arbre qui l'a produit; seulement la nature du terrain est un élément puissant qui modifie parfois d'une manière essentielle la forme et la substance de l'arbre dont le germe aura été déposé en ses entrailles fécondantes.

Les idées que nous venons de poser en principe pour le germe des plantes sont applicables aussi à celui des animaux : chaque semence reproduit d'une manière intégrale toutes les parties de l'être dont elle est l'essence modifiée cependant, en sa structure et en sa substance, par le milieu où elle a séjourné. En appliquant cette loi à la race humaine, on en tire cette conséquence logique : que les flancs de la femme sont le premier moule où se développe et se façonne l'être humain; le milieu social est le second, il y forme son intelligence, son corps et son cœur; enfin l'éternité est le troisième, il s'y revêt d'immortalité.

La mort, qui ne dissout que ce qui est corruptible, respectera, dans son œuvre d'anéantissement, deux des parties de l'être humain : l'être intérieur et angélique, qui est l'âme, et l'essence vitale, qui est la vie; car la mort ne s'empare du corps et ne le livre à la corruption que lorsque la vie l'a abandonné, et que, comme un chariot d'or ou des ailes de feu, elle a entraîné l'âme vers sa dernière demeure, où elle la revêtira d'une chair incorruptible destinée à la douleur ou à la béatitude, selon que durant sa vie elle se sera faite semblable aux diables ou semblable aux anges.

L'essence, telle que les pensées, les impressions, les actions de l'homme l'auront faite, suivra son âme au delà de ce monde et le reconstituera en son individualité dans celui de l'éternité; seulement la partie humaine, mortelle et terrestre de son être, qu'il emprunte à la terre qui le porte et à la nature qui le nourrit, le vivifie et le fortifie, sera remplacée par une partie céleste, immortelle, incorruptible, que le germe, pour opérer l'œuvre de la résurrection, empruntera au milieu céleste qui l'environnera et où il ne pourra trouver à s'assimiler que des éléments d'incorruptibilité, en sorte que ce sera la même âme animant la même chair revêtue en plus d'un vêtement d'immortalité. Si la matière humaine varie tellement dans la qualité de sa substance et les formes de sa structure, d'après le climat et le milieu social où elle se développe, qu'il est impossible de ne pas discerner du premier coup d'œil un officier d'un curé, combien à plus forte raison le corps, formé dans un milieu terrestre, devra-t-il être différent d'un corps formé dans un milieu céleste!

Un écrivain d'une rare élégance de style, qui a eu le tort en philosophie de ne pas agenouiller toujours sa raison devant la tradition religieuse, M. Alphonse Esquiros, s'est très-lucidement expliqué la résurrection de la chair, en disant : « On chercherait vainement dans l'Évangile l'idée d'une séparation complète de la matière; on y voit plutôt que l'âme revêt après la mort une matière éthérée, subtile, raréfiée, qui échappe à toute altération par son extrême délicatesse. Aussi je ne crois pas à l'immortalité de l'âme, je crois à l'immortalité de l'homme. » Il est pour nous une certitude acquise par la nature même de nos études, c'est que l'âme domine toujours le corps ressuscité et jouit de toutes les facultés inhérentes à sa nature angélique; la chair ne semble ne lui avoir été rendue par la résurrection que pour qu'après avoir été la compagne de sa débauche ou de sa vertu sur la terre, elle la devienne dans l'éternité de ses supplices ou de sa gloire.

Nous avons tenu à donner une démonstration philosophique de la résurrection de la chair, pour venger la tradition chrétienne des outrages d'une raison étroite qui lui jette sans cesse à la face l'injure irrationnelle. Le grand apôtre saint Paul, notre maître en haute métaphysique, a admirablement compris ce dogme, un des plus importants et des plus fondamentaux du christianisme : c'est pour cela que, paraphrasant les paroles du Christ disant : « Il y a plusieurs demeures dans la maison de mon père, » il a recours à une comparaison qu'il a empruntée au monde astronomique, et pour prouver que, tout en ressuscitant, nous conserverons notre rayonnement individuel, l'éclat propre à la lumière de l'esprit qui nous aura animé sur cette terre, et que la même diversité de clarté qui existe parmi les corps célestes, le soleil, la lune et les étoiles, régnera entre les corps ressuscités.

Il dit dans un magnifique passage que nous allons citer textuellement et qui achèvera, nous l'espérons, de faire comprendre à tous la résurrection de la chair : « Mais, dira quelqu'un, comment les morts ressusciteront-ils? et avec quel corps viendront-ils? Insensés que vous êtes, ce que vous semez ne prend pas de vie si premièrement il ne meurt, et ce que vous semez n'est pas le corps qui doit naître, mais c'est un simple grain de froment ou une graine de quelque autre espèce. Mais Dieu lui donna un corps tel qu'il lui plaît, et à chaque semence le corps qui lui est propre ; car toute chair n'est pas la même chair : autre est celle des hommes, autre est celle des bêtes, autre est celle des oiseaux, autre est celle des poissons. Il y a aussi des corps célestes, il y en a de terrestres, et l'éclat des célestes est différent de celui des terrestres : autre est la clarté du soleil, autre est celle de la lune, autre est celle des étoiles, et les étoiles ne sont pas toutes égales en lumière. Il en sera de même des morts lorsqu'ils ressusciteront : leur corps, comme la semence, est mis en terre, prêt à se corrompre, mais il ressuscitera incorruptible ; il y est mis difforme et sans éclat, il ressuscitera glorieux ; il y est mis faible, il ressuscitera plein de force ; il y est mis corps animal, il ressuscitera corps spirituel.

C'est une ineffable béatitude que celle de sentir l'esprit même de Dieu résider en nous, animer notre âme d'une vie divine, éclairer notre intelligence et arracher l'écaille qui voile à nos yeux le monde surnaturel. Tout l'être ravi en extase frémit d'une volupté céleste, et la grâce qui opère merveilleusement en notre âme nous transporte d'enthousiasme ; ce n'est plus avec les lèvres seulement, mais avec une intelligence convaincue et un cœur fervent, que nous récitons dans le *Credo* : Je crois à la résurrection de la chair (*Credo in resurrectionem carnis*).

V

VIE FUTURE DES RESSUSCITÉS APRÈS LA MORT.

> Il faut que ce corps corruptible soit revêtu d'incorruptibilité, que ce corps mortel soit revêtu d'immortalité.
>
> Saint Paul.

> Dans les phénomènes extatiques, nous trouvons une esquisse de la perfection future des âmes ressuscitées.

Nous voici arrivés sur un terrain magique et divin. A peine a-t-on touché le sol de l'éternité, que les idées atteignent un si prodigieux degré d'élévation, que les mots du langage humain deviennent impuissants à les exprimer. La voix de l'oracle d'Apollon, proclamant que la première science au monde est celle qui apprend à se connaître soi-même, mérite d'être entendue; car sans cette connaissance de nous-mêmes, l'homme ignorera toujours les facultés de son âme, qui se réveilleront en lui au grand jour de sa résurrection, et dont l'espérance future parfume de bonheur le temps qu'il passe sur cette terre. Ce sont ces facultés et les jouissances et souffrances qu'elles procureront aux âmes ressuscitées que nous allons tenter de décrire, afin de faire passer dans le sang des veines ce feu du courage qui se change en héroïsme en présence de la mort, et qui fait de l'homme un être que ni les injures, ni les tourments, ni les afflictions, ni les ambitions terrestres, ne peuvent arrêter dans sa marche douloureuse, mais triomphale, vers l'immortalité, dont il aperçoit les splendeurs radieuses à l'horizon de sa vie.

La mort n'est, comme nous l'avons démontré, qu'un changement d'état et de lieu, une puissance invisible qui arrache notre être à ce monde pour le transporter dans un autre où il vivra éternellement heureux ou à jamais malheureux. Un grand nombre d'âmes quittent le corps sans jamais avoir eu conscience de leur existence et après y avoir, pour ainsi dire, dormi durant toute la vie; triste sera leur sort, mais moins terrible que celui de celles des hommes qui se sont efforcés d'étouffer leur âme et d'anéantir sa sensibilité, afin d'arracher à leur front la couronne d'épines du remords.

Nous ne saurions trop le répéter, le milieu où l'on vit est le moule dans lequel l'on se forme, en sorte que non-seulement chaque condition sociale a des types qui lui sont propres ; mais ces types sont différents suivant la terre qu'ils foulent, l'air qu'ils respirent, la langue qu'ils parlent, l'instruction qui a cultivé leur intelligence, les travaux qu'ils exécutent, enfin la religion qui les relie à Dieu. Les conditions de vie n'étant pas les mêmes dans l'autre monde pour les êtres ressuscités, ils doivent en conséquence différer d'une manière radicale de ceux qui peuplent ce monde terrestre. Ces différences nous semblent nécessaires à constater, afin que sous les images des révélations religieuses nous découvrions la vie que le Créateur nous réserve en récompense ou en punition des actes accomplis par nous durant le temps que nous aurons passé sur la terre. Si le moribond impie en présence de la mort se voile la face de sa couverture, qui lui servira de linceul, en frémissant de terreur et de désespoir, l'homme juste sourit à la mort, car au delà du noir rideau de la mort il aperçoit Dieu qui, lui ouvrant ses bras divins, l'appelle sur son sein en le nommant son fils.

La mort a souvent été considérée comme la libératrice qui dépouille l'âme immortelle des organes périssables qui l'emprisonnent, afin qu'elle aille animer dans un autre monde la même chair revêtue d'une incorruptibilité immortelle. Le germe de résurrection que l'âme a emporté au monde de l'éternité, et qui était l'essence du corps qu'elle habitait précédemment, en puisant en ce céleste milieu les éléments de sa reconstitution future, s'y est miraculeusement développé, nourri par le souffle puissant de la vie éternelle; en sorte que l'âme, au lieu d'être recouverte d'organe imparfait, borné et corruptible, se trouve revêtue d'un organisme tellement perfectionné dans sa forme et dans sa structure, qu'au lieu de masquer l'âme et d'enchaîner ses puissantes aspirations, il la sert en se prêtant merveilleusement à la manifestation souveraine des facultés de cet ange intérieur. Bien que transfigurées par la résurrection, les personnalités subsisteront, le caractère du changement que subiront les êtres dans l'autre monde sera le perfectionnement de leur individualité, afin que la jouissance, comme la souffrance, soit infinie.

Il est inutile de démontrer aux esprits sérieux qui ont suivi avec attention notre démonstration sur la puissance absorbante que possède le germe pour s'assimiler les portions du milieu où il réside, propre à développer ses molécules, que c'est l'*humus* qui a nourri le germe de l'homme vivant sur la terre, qui l'a revêtu d'une chair humaine et mortelle qui doit nécessairement retourner, par la force dissolvante de la mort, au principe qui l'a produit; mais que l'âme, cette sœur des anges, cette fille de Dieu, a pour destinée de puiser en l'autre monde une vie qui la recouvrira d'immortalité; car, le germe de résurrection semé en l'éternité ne trouvant en ce monde de lumière aucune molécule périssable et corruptible à s'approprier, aucun élément de mort ne concourra à son développement. L'homme ressuscité est condamné à vivre immortel.

Écartons du lit de mort ces fantômes qui baignent d'une sueur glacée le front décoloré de l'agonie, et faisons que désormais, sans épouvantements, l'on puisse considérer ce changement d'état, qui est le perfectionnement de l'organisme opéré par cet acte que l'Église nomme *résurrection*, voulant poursuivre, jusque dans le mot dont elle se sert pour l'exprimer, son image favorite, par laquelle comparant le cadavre à un germe qui, semé dans le sein fécond de la nature, s'y corrompt, et, du sein même de sa dissolution, laisse se dégager un être plus parfait qui en ressort et *se relève* éternellement vivant et à jamais victorieux de la mort.

Poussé dès notre jeunesse par une curiosité inquiète de connaître la vie future des âmes après la mort, nous ne nous sommes pas borné à lire tous les nombreux écrits publiés sur cette intéressante matière, nous avons de plus étudié tous les états analogues à celui-là, et nous avons remarqué que dans les affections de la catalepsie, dans les crises de l'extase, dans le somnambulisme naturel ou artificiel, dans l'anéantissement léthargique, lorsque la vie matérielle est suspendue, et que le corps est comme anéanti dans un sommeil de mort, l'âme ranimée se livre à des essais de résurrection qui sont pour elle comme des avant-goûts de l'immortalité. Ces essais, quoique imparfaits, irréguliers et chancelants comme les premiers pas d'un jeune enfant, produiront cependant des phénomènes d'un prodigieux inouï. A la vue bornée des sens succède une vue qui pénètre les corps les plus opaques, franchit toutes les distances, parcourt, avec la rapidité de l'éclair, les siècles et l'espace, possède toutes les vérités. Cette vue, quoique instable et incertaine, suffit pour nous donner une esquisse des facultés auxquelles la mort du corps rendra la liberté, au jour où, aux quatre vents du ciel, une voix sera entendue criant : Morts, relevez-vous !

Ce qui distingue nos croyances de celles d'un grand nombre de philosophes qui ne voient en l'homme, que le corps et l'âme, et oublient, par une omission ignorante, l'esprit, c'est que, tandis qu'ils ne proclament que la résurrection de l'âme, nous, nous proclamons de plus en parfaite union de cœur et d'esprit avec les traditions du christianisme, la résurrection de la chair. Il est impossible à un esprit logique de croire à l'existence d'un esprit devenant l'essence de tous les corps qu'il anime, et de ne pas proclamer hautement la résurrection de l'homme corps et âme.

L'âme emporte à l'état de germe cet esprit de lumière et de vie qui est la quintessence de la vie, de la chair, du sang, et dont la plus imperceptible parcelle contient réellement et en vérité l'homme qu'elle individualise formé et modifié par ces pensées, ses actions, ses impressions; ce germe qui contient une fraction de toutes les parties de l'homme, puisera dans un milieu incorruptible les éléments immortels d'un corps qui, bien que spiritualisé et perfectionné, sera néanmoins le même. C'est la personnalité un moment renversée par le coup de la mort, se relevant merveilleusement transfigurée, mais toujours persistante.

Tout progrès dans l'ordre spirituel est une gravitation de l'être vers Dieu, qui, en le rapprochant de la Divinité, donne une extension infinie à sa faculté de connaître et de sentir. Tout homme qui a connu la béatitude d'accroître le domaine de ses connaissances et la volupté d'aimer a reconnu que la mortification, à mesure qu'elle retirait la vie aux organes périssables, redoublait l'énergie de ces deux facultés de l'âme. C'est persuadé de cette vérité que les ascètes et les cénobites, de macération en macération, de mortification en mortification, amenaient la chair à n'être plus qu'une tunique transparente à travers laquelle l'âme voyait Dieu et sentait les ineffables douceurs des délices de l'amour divin, qui les consumait de ses flammes et dissolvait, dès ici-bas, tout leur être dans la jouissance d'une volupté extatique. Cet état de renaissance était un commencement de résurrection, une esquisse de leur perfection future, un avant-goût des félicités célestes, dont la suavité, selon l'expression latine, angélisait leur chair de béatitude.

C'est le caractère d'un esprit chrétien que de

méditer sur ses fins dernières et de s'efforcer, dans le silence de la contemplation, d'arriver à une vision claire et précise de ses destinées futures ; nous dirons plus, c'est le propre d'un cœur malade de ce mal divin que nous nommerons la nostalgie du ciel.

Orphée, qui, en sa qualité de poëte, de grand génie, avait de hautes et courageuses aspirations, descendit vivant dans les Pyramides (c'est cette descente que la Fable appelle la descente aux enfers) pour y apprendre des lèvres vénérées des prêtres, dépositaires de la sagesse antique, le sort réservé aux hommes après leur mort. Les détails qui lui furent transmis par la voie de l'initiation, il en a fait les bases de la mythologie grecque ; aussi nous y voyons que les morts spiritualisés et réduits à l'état d'ombre conservent cependant d'une manière reconnaissable les traits caractéristiques de leur personnalité. Il fait, comme nous, de la vie future un prolongement de la vie présente. Esquiros, que nous aimons à citer toutes les fois que nous sommes en fraternité d'opinion avec lui, à cause de la rare perfection de forme dont il revêt ses idées, s'est exprimé en ces termes. « La vie future contiendra tous les germes de la vie actuelle, dont elle ne sera d'ailleurs qu'un prolongement. » C'est ainsi que Virgile, le Dante, Fénelon, l'ont comprise, et les poëtes sont comme les enfants, les bouches d'or de la vérité : ils prophétisent en rêvant.

La personnalité subsiste, mais perfectionnée par la résurrection ; cette personnalité, il nous reste, après avoir assisté avec l'œil intérieur de l'intelligence à sa reconstitution intégrale dans le monde de l'éternité, à la suivre au ciel ou en enfer, victime des démons, ou en compagnie bienheureuse des anges, persuadé que, lorsqu'on défend une croyance vraie, il y a lâcheté à pactiser avec les erreurs et les préjugés, triste fruit de l'ignorance de ce siècle, et que la véritable bravoure est celle qui brave les railleries et la rage des impies, et qui, d'un pas courageux, revêtue de la foi comme d'une armure, marche droit à l'incroyance pour la combattre et la vaincre avec le glaive de feu de la vérité éternelle !

Le divin Platon a proclamé l'immortalité de l'âme, la haute sagesse du christianisme en son

Credo, a enseigné la résurrection de la chair. Éclairé par les savantes démonstrations des génies les plus élevés, des docteurs du catholicisme, nous avons, en montrant la matière s'organisant, se désorganisant et se réorganisant, expliqué de quelle manière devait s'opérer la résurrection et fait connaître les propriétés acquises par l'homme dans sa transformation résurrectionnelle. Avant d'étaler à ses yeux le spectacle des tortures ou des béatitudes qui l'attendent, ouvrons le code du droit divin, selon lequel Dieu le jugera en son éternelle justice.

VI

SIGNES AUXQUELS ON RECONNAÎT CEUX QUI SONT DANS LE CHEMIN DU CIEL.

> La charité, c'est tout le christianisme.
> Bossuet.

> Celui-là est vraiment grand qui a une grande charité.
> *Imitation de J. C.*

> Plus un être est souffrant, plus il est notre frère.

> La charité est la clef d'or qui ouvre aux ressuscités les portes du ciel.

Le Créateur, en sa haute sagesse, n'a voulu, suivant la remarque judicieuse de saint Augustin, que personne connût positivement dès cette vie s'il est du nombre des élus ou de celui des réprouvés, et il nous en avertit dans l'Ecclésiaste en disant : L'homme ne sait s'il est digne d'amour ou de haine. Cependant les évangélistes et les apôtres nous ont transmis des signes certains, à l'aide desquels on peut reconnaître si l'on marche dans le chemin qui monte au ciel, ou dans celui qui descend vers l'enfer.

Nous allons signaler les caractères de ces deux routes, car, s'il existe ici-bas une science utile, c'est sans contredit celle qui apprend à diriger le navire de son existence vers le port de l'éternité. Nous savons tous que nous mourrons ; mais très-peu d'entre nous connaissent les conditions exigées pour être admis dans le ciel ; nous venons faire connaître les moyens de vivre dans la gloire, qui ont été mis en pratique par tous les saints, et qui ont ouvert les portes du tabernacle éternel à leur corps ressuscité. Cette science a, dans le langage de l'Église, un bien joli nom, on l'appelle : *Science du salut,* mot qui rappelle à l'homme qu'il est en danger de mort éternelle, et que sa vie, comme celle d'Hercule, ne sera qu'une lutte perpétuelle, un chemin semé de précipices. Cette science, cependant, qui enseigne les moyens de remporter la victoire et d'éviter les dangers, serait inutile sans la grâce de Dieu, qui donne à l'homme la force surnaturelle pour renverser les obstacles qu'il rencontrera sur la route du ciel.

Nous avons démontré précédemment que toute âme animée de la grâce, qui est la vie même de Dieu, était semblable aux anges de lumière, et avait droit à leur vie de béatitude éternelle. De là, nous avons tiré cette conclusion que tout homme qui mourait en état de grâce, par une gravitation divine, montait au ciel. Ce principe une fois admis dans sa haute vérité, pour savoir si l'on est dans la voie qui conduit à la félicité des élus, il suffira, avec un esprit droit, de rechercher les caractères de l'état de grâce, et d'examiner les manifestations vivantes et efficaces qui proclament incontestablement chez un homme la présence de la grâce divine opérant surnaturellement en lui.

La première manifestation de la grâce en l'homme est la charité; et, de même que chaque fruit porte un nom qui rappelle celui de l'arbre qui l'a produit, la *charité* est formée d'un mot grec qui signifie *grâce*, séve qui coule dans les fibres ligneuses de l'arbre de la croix, et y fait épanouir deux fleurs au céleste parfum, l'amour de Dieu et celui du prochain. Nous nous servons du mot charité, préférablement à celui de fraternité, parce que, tandis que l'un proclame l'intervention de Dieu agissant en l'homme par sa grâce, et en fait par conséquent un sentiment tout divin, l'autre n'en fait qu'un acte purement humain ; aussi des novateurs anarchiques se sont rencontrés qui un jour ont rêvé le ridicule projet de fonder la fraternité dans le monde, sans demander à Dieu son secours, et ils n'ont créé que la fraternité de têtes coupées, s'embrassant dans le panier sanglant de la guillotine.

Lorsque l'on considère avec un esprit sérieux les obstacles innombrables qui s'élèvent, semblables à des murailles escarpées, entre les cœurs des hommes sur la terre, et les empêchent de se fondre dans une fraternité universelle, pour ne plus former qu'un cœur et qu'une âme, aimant le même père qui est Dieu, on reconnaît que toutes les tendances et les penchants de la nature humaine, depuis sa déchéance originelle, sont antifraternelles; il n'y a donc qu'une force attractive supérieure à la nature, et par conséquent surnaturelle et divine, qui puisse faire de l'humanité une famille de frères; cette force n'existe qu'en Dieu, elle se nomme la grâce, elle produit la vertu, nommée charité, qui transforme la femme en un ange visible qui console les affligés, donne à manger et à boire à ceux qui ont faim et soif, panse les blessures de ceux qui saignent, et aime les pauvres, les délaissés, les souffrants, d'un amour divin comme la grâce du sourire qui éclaire sa douce et pâle figure des célestes splendeurs de l'immortalité.

Depuis que l'harmonie sociale a été brisée par la dégradation originelle, les législateurs se sont efforcés de renouer les rapports sociaux des hommes entre eux par des liens d'une solidarité respective. Ces liens, nommés lois, ont pour but d'unir les hommes et d'empêcher qu'ils ne se nuisent les uns aux autres et ne se heurtent avec larmes et sang, dans un choc meurtrier.

Les lois humaines, lourdes comme des chaînes de fer, meurtrirent souvent les membres en retenant captifs leurs désirs homicides, et furent toujours parfaitement impuissantes à créer l'amour parmi les hommes ; c'est qu'il fallait que les sept têtes de l'hydre de la chair fussent broyées sous un talon victorieux, et que l'esprit saint enflammât tous les cœurs avant que le monde vît la réalisation divine de cette parole du Christ : *Aimez-vous les uns les autres*, et aux chaînes de la loi succéder les liens légers comme des guirlandes de fleurs du joug du Sauveur, joug doux, suave, attractif, comme la grâce dont il est le fragment, car les hommes, régénérés en Dieu, comme les astres au firmament, sont unis entre eux par des liens de lumière.

Nous avons posé en principe que les lois divines, comme les lois humaines, avaient pour but d'empêcher les hommes vivant en société de se nuire les uns aux autres. Le christianisme a fait plus : il a uni les cœurs par les liens divins de l'amour pour créer ici-bas la charité ; il a fallu que l'âme, animée du feu sacré de la grâce de Dieu, étouffât d'une main victorieuse l'hydre de la chair en broyant, l'une après l'autre, chacune de ses têtes, et alors on vit succéder aux œuvres meurtrières de la chair qui ensanglantait l'univers les œuvres divines de la grâce, qui vinrent sécher les larmes des affligés et faire du monde une famille de frères.

L'homme en qui réside la grâce de Dieu sent son âme illuminée d'une clarté céleste qui ouvre devant l'œil de son intelligence les profondes immensités de l'infini jusqu'au monde des causes primordiales, où il aperçoit le secret mécanisme de son organisation ; il comprend alors le peu de valeur de ces biens périssables et de ces honneurs fugitifs, à l'acquisition desquels les insensés de la terre passent leur vie entière. Il rit des distinctions de rang et de classe et se fait humble; car sa conscience lui a révélé, dans toute sa vérité, le néant et la fragilité de sa terrestre nature. Aussi, au lieu de massacrer ses frères et de faire de leurs cadavres les degrés de l'échelle, par laquelle son ambition montera au pouvoir ; comprenant que le cœur a aussi ses vides, et que s'il est triste de manquer de pain, il est encore plus triste d'être rebuté parce que l'on est pauvre, il s'en ira trouver dans les classes inférieures ces âmes ardentes et dévouées, ces natures altérées d'affection, que le monde, ce courtisan de la richesse et de la puissance, repousse dédaigneusement à cause de leur misère, et laisse vieillir dans une froide solitude de cœur; il les appellera à lui et les attirera avec amour dans ses bras et sur son sein, en leur disant les paroles de Jésus, son maître : « Venez à moi, vous tous qui souffrez. » Il n'y a que la grâce de Dieu qui puisse étouffer en l'homme l'ambition, l'orgueil, la vanité, et faire du riche l'ami du pauvre, du faible et du souffrant. Jésus, au lieu de se glorifier de ses ancêtres David et Salomon, prit le titre très-humble de Fils de l'homme. Par amour pour le divin fiancé de leurs âmes, des femmes jeunes et belles ont caché un nom illustre sous l'humble habit des sœurs des pauvres, car l'humilité sèche les larmes et étanche le sang que font couler l'orgueil et l'ambition.

La première manifestation de la grâce en l'homme est l'humilité, qui fait du chrétien le serviteur de tous et l'ami des petits, des souffrants et des délaissés, en lui montrant, sous les haillons de la misère la plus hideuse, son bien-aimé maître et sauveur Jésus-Christ. Aussi peut-on citer avec certitude cette parole des saints

Pères : *La livrée de Dieu, c'est l'humilité; celle du diable, c'est l'orgueil.*

Il y a des hommes qui, au lieu de bâtir une tente ici-bas, s'efforcent de se bâtir une maison indestructible : ce sont les avares. Cette tête de l'hydre de la chair que l'on nomme avarice est, sans contredit, une des plus cruelles ; elle étanche la soif de son gosier aride en buvant les pleurs du pauvre. La grâce de Dieu, en ouvrant à l'œil ravi de l'intelligence les demeures célestes de l'Éternité, a dégoûté le cœur de l'homme des biens périssables de ce monde ; non contente de donner sa main aux petits, son cœur aux souffrants, l'âme animée de la grâce donne sa fortune aux pauvres, comprenant qu'elle n'a reçu la richesse que pour être une providence vivante, chargée d'en faire la distribution à tous ceux qui ont besoin d'être secourus. Comme l'eau efface les souillures, de même l'aumône lave les âmes de la fange du péché; Jésus-Christ s'attribuant tout le bien qui aura été fait aux malheureux en son nom. Comment est-il admissible qu'il chasse de son paradis ceux qui l'auront vêtu, nourri, logé, aimé sur la terre, dans la personne du pauvre? Si avec Moïse le christianisme dit à l'indigent : « Tu ne convoiteras pas la propriété d'autrui, » il dit aussi, avec l'Évangile, au riche : « Tu n'es que le distributeur des biens que tu possèdes; » et, lui confiant les pauvres, les faibles et les souffrants, comme Jésus confia à Jean sa mère sur le calvaire, il lui dit : « Voilà tes enfants. »

La troisième tête de l'hydre de la chair, que la grâce, avec une vigueur surnaturelle, écrase, c'est celle de la luxure; ses morsures sont plus cruelles que celles des deux autres, car elle mord le cœur et choisit de préférence, pour les déchirer de ses dents venimeuses, les plus délicats et les plus sensibles, ceux qui palpitent nobles et tendres dans la blanche poitrine d'une de ces douces et faibles créatures que l'on nomme les femmes.

Lorsque nous avons entrepris de définir la nature de l'amour, nous avons montré que c'était une effluve subtile; que l'homme et la femme, au printemps de leur vie, rayonnaient par leurs lèvres et leurs yeux une flamme légère et caressante, qui voltigeait autour d'eux et les enveloppait d'une atmosphère douce, pénétrante, attractive ; un charme qu'ils répandaient autour d'eux en auréole d'une tendre et pâle clarté, comme les plantes et les arbres au printemps répandent leur vie en parfum enivrant ; un courant magnétique qui émanait du cœur, enroulait, par une sympathie réciproque, deux êtres de sexes différents dans des liens d'invisible lumière, les attirait l'un vers l'autre par un suave ravissement, enlaçait mutuellement autour de leur taille dans une étreinte longue et passionnée leurs bras en ceinture amoureuse, unissait leurs lèvres en feu dans un baiser inextinguible ; en un mot, les fondait ensemble, afin que, suivant l'expression même de l'Évangile, ils soient deux dans une même chair.

Si, pour les êtres privés de raison, l'amour n'est qu'un besoin, produit par un accroissement de calorique dans l'atmosphère, une force attractive, une surabondance de puissance vitale, un instinct dont la durée est limitée à une saison pour l'homme, c'est un acte grave et libre, ayant une influence sérieuse sur sa destinée éternelle ; car, pour que l'amour donne des ailes à l'âme pour remonter au ciel, il faut qu'il ait été un acte de l'âme, animée de la vie de la grâce ; les instituteurs du langage l'ont compris comme nous ; aussi les Latins, avec leur haute intuition philosophique, ont donné l'*âme* pour racine à l'*amour*.

Un sentiment d'inexprimable tristesse fait saigner le cœur lorsque l'on contemple les tristes victimes de la luxure, tandis que le fat, au cœur absent, passe, injurie et soufflette de son mépris, flagelle de ses anathèmes la grande infortune morale que l'on nomme la fille de joie, et qu'Adolphe d'Houdetot a désignée sous le nom poignant de vérité de *souffre-plaisir*.

Le philosophe se sent généreusement ému devant ces pauvres blessées qui jadis ont été jeunes, belles, souriantes, et qui, après avoir descendu un à un tous les degrés du vice, aujourd'hui couvertes d'une vieillesse prématurée, les pieds dans la boue, la mort dans l'âme, le rire de l'impudence aux lèvres, parées follement des guenilles impures de la débauche, étalant publiquement leur honte et leur déshonneur, grelottent de froid, par la pluie et le vent, à la nuit, devant l'entrée obscure d'une allée douteuse. Qui a flétri, dégradé, foulé aux pieds dans la boue de l'ignominie, ces infortunées, dont le passant se détourne avec mépris? C'est la luxure : elle s'est présentée à elles sous la forme de l'amour et sous les traits d'un séduisant jeune homme, la tendresse sur les lèvres et la douceur dans le regard ; elles ont prêté complaisamment l'oreille à la voix du tentateur, ont cru à la sincérité de ses serments, et un jour se sont réveillées seules avec leur déshonneur, forcées de choisir fatalement entre la couche du vice ou le lit de pierre de la morgue!

A côté de ces filles perdues qui courent la nuit après un amant anonyme, le rire aux lèvres et le désespoir au cœur, se trouvent d'autres victimes de la luxure encore plus tristes à contempler : ce sont ces pauvres et beaux jeunes gens qui ont jeté la poésie de leur jeunesse aux quatre vents de l'abîme de la débauche et perdu dans ses bras la conscience de leur dignité, après avoir brûlé leur vie au contact dangereux de ce monde de bruit et d'orgie ; la taille caduque et voûtée, le crâne chauve, le teint jaune ou rongé des morbides rougeurs de l'épuisement, les yeux éteints et cernés, le sang venimeux, le cœur usé, le corps ruiné, l'âme impuissante à aimer, les lèvres sans sourire, ils se traînent à l'autel du mariage, et, cadavres dignes du drap funéraire, ils étendent leurs membres flétris sous le drap nuptial, près de ceux de leur pure et jeune fiancée.

Si les yeux pleurent sur les autres victimes de la débauche, le cœur saigne à la vue d'une de ces nobles et blanches jeunes filles élevées dans la pratique de toutes les vertus par une mère chrétienne, pour être le guide aimé et inspirateur de leur mari vers le ciel, pour ranimer en son cœur les espérances éternelles, raviver en lui la flamme de la ferveur religieuse, et, d'une main délicate et rosée, le conduire à travers les difficultés de la vie avec elle dans le paradis, qui se trouvent fatalement unies à un être grossier, dont le corps est malade, le cœur éteint, l'intelligence impie, et qui, arrachant à leur front virginal l'auréole des croyances qui, semblable à leur blanche couronne de fleurs d'oranger, parfumait leur âme d'innocence, la flétrit, cœur, esprit et corps, par un contact d'ignominie.

Nous avons montré les blessures faites à l'humanité par l'hydre de la luxure. La grâce a un baume pour les guérir, composé de chasteté et d'amour : deux fleurs divines qui avaient besoin d'être arrosées par le sang d'un Dieu pour s'épanouir radieuses aux regards enchantés de l'humanité régénérée.

Le souffle de flamme qui embrase le sang des veines et le fait bouillonner, avide d'expansion extérieure, lorsqu'il est entretenu avec la tendre sollicitude des vierges du paganisme pour le feu sacré de l'autel de Vesta, et qu'il est contenu par la force surhumaine de la vertu de chasteté, produit la ferveur, qui est l'amour élevé à son plus haut degré d'ardeur. Enflammant le cœur et l'âme, dédaignant les égoïsmes terrestres, s'envolant au ciel et s'appliquant à Dieu, il enfante aussi la dévotion, qui est cet amour immense, inextinguible, infini, allumé au foyer même de l'éternité, étant en vertu de cette parole du Christ, disant : Tout ce que vous ferez aux plus petits d'entre mes frères, c'est à moi que vous le ferez; reversez sur les petits, sur les pauvres, sur les souffrants, et leur donnant plus de preuves de tendresse que la beauté la plus adorée n'en a jamais reçu de l'amant le plus passionné.

C'est la chasteté qui conserve et entretient dans le cœur de la sœur de charité cette flamme infinie de l'amour divin, qu'elle déverse, en flots d'infinie tendresse, sur les mendiants, les infirmes, les malades et toute la grande famille des délaissés qui, jusqu'à Jésus-Christ, n'avait rencontré dans le monde païen que le mépris, et dont elle console l'affliction et panse sans dégoût les plus hideux ulcères; car c'est Jésus, l'amant bien-aimé de son âme, qu'elle aime dans le pauvre, qu'elle soigne dans le malade, qu'elle panse dans l'infirme. Les hommes de ce siècle désirent voir régner la fraternité, et ils commencent par repousser la chasteté et mépriser la dévotion; ignorants, qui ne comprennent pas que le rôle de la chasteté ici-bas est de conserver l'amour dans les âmes chrétiennes, comme dans l'urne d'or des vases sacrés, d'où il s'épanche sur les indigents et les comble des soins de la plus tendre sollicitude, et que la dévotion est le dévouement passionné de l'humanité souffrante, d'une âme embrasée de l'amour de Dieu.

L'amour vrai ne peut exister sans l'union des âmes, et l'union des âmes ne pouvant avoir lieu que si elles sont animées de la vie de la grâce, nous sommes en droit de proclamer que l'amour est une opération de la grâce céleste, car sans elle le mariage ne sera qu'une conjonction purement charnelle, un contact d'épiderme, un accouplement passager; c'est elle qui unit l'homme à la femme par des nœuds moins faciles à dénouer que ceux de la chair et du sang : par les liens indissolubles d'une éternelle alliance contractée sur la terre et se poursuivant au delà de ce monde, et grandissant en délices ineffables à mesure que la chair, consumée par les ardeurs de l'amour, laisse les âmes se rapprocher davantage, et que la partie divine de l'homme et de la femme se montre à leurs yeux ravis d'une manière plus visible dans son idéale splendeur, et qu'en conséquence ils s'apparaissent chaque jour l'un à l'autre parés de mille charmes nouveaux. Quand l'homme et la femme s'aiment d'un amour véritable, plus ils se voient et plus l'insurmontable sympathie qui les attire par une force attractive augmente ; car le propre de l'amour est de revêtir les traits de ce charme vainqueur, qui est un écoulement de la grâce céleste, un reflet transfigurateur de l'éternelle beauté, en sorte que l'amant chrétien n'aime pas seulement la femme pour l'inaltérable pureté des lignes de ses traits, la pâle fraîcheur de sa chair, le modelé harmonieux de sa forme ; mais pour ce souffle de grâce qui, doux rayonnement de la vie divine, inspire l'âme, pénètre le cœur, et ravit l'être entier à la terre, et le transporte, défaillant sous l'excès du bonheur, par delà les sphères, au sein même de la béatitude des voluptés célestes.

C'est Dieu que la Vierge chrétienne aime dans le pauvre, c'est encore lui que l'époux chrétien aime dans son épouse d'un amour plus fort que la mort, immense comme la passion de l'infini, immortel dans ses délices comme dans son objet. Nous avons tellement conscience que c'est ce souffle de Dieu répandu en reflet sur la femme qui nous fait l'aimer, que tout homme, assez noble, assez inspiré, assez poétique pour être capable d'un amour sérieux, ne recherche pas en son amante la beauté, mais la grâce.

La main divine de la grâce peut seule étrangler l'hydre de l'envie, qui met dans le regard de l'homme un regard d'hyène, sur ses lèvres une bouche de serpent, et qui se déchire elle-même quand elle est dans l'impuissance de nuire aux autres; et, de plus, elle peut seule guérir les dangereuses et venimeuses blessures que l'envie fait à la réputation, en y versant le précieux dictame de la charité, qui met en lumière les qualités et omet les défauts, et qui, répandant ses bienfaits avec la grâce du sourire aux lèvres, en double le prix ; enfin qui sauve le vice de l'oppression du mépris, sachant que le mépris est une flèche qui revient tôt ou tard percer le cœur de celui qui l'a lancée.

En écrasant la tête de la gourmandise, la grâce délivre l'homme de l'ivrognerie, qui use son corps, hébète son cerveau et le fait descendre au rang d'une bête dangereuse ; car le soir, quand l'ouvrier rentre au logis, il traite sa femme avec une brutalité trop souvent révoltante, la saisit aux cheveux, la renverse par terre, et tigre son corps et sa peau de meurtrissures et de contusions noires et sanglantes.

Non contente de délivrer l'homme de cette passion dégradante, la grâce a créé la vertu de mortification, qui sèvre la chair de nourriture, afin de donner à manger à ceux qui ont faim; car il est un principe d'économie reconnu : c'est que tout être qui jeûne donne à manger à un pauvre, et de plus il persuade les indigents de la vérité de cette parole du Christ : Bien heureux ceux qui souffrent, en leur montrant le riche partageant avec lui ses richesses et acceptant volontairement en échange une part de ses douleurs et de sa pauvreté, avide de boire aussi au calice d'amertume du Dieu martyr.

Il faut que l'âme soit animée de la force surnaturelle de la grâce pour que, d'une main héroïque, elle puisse, en étouffant en l'homme l'hydre de la colère qui le transforme, au moindre froissement de son amour-propre, en une bête sauvage altérée de sang et de carnage, ivre de furie, qui s'élance sur sa proie pour la déchirer en lambeaux. Depuis sa chute, il est vrai, l'homme a perdu non-seulement l'empire sur la nature, les éléments, les animaux, mais encore sur lui-même; aussi la liberté politique, mot qui fait palpiter le cœur, enflamme le regard et fait braver la mort, ne sera sans danger qu'au jour où la grâce aura de nouveau rendu l'homme souverain de lui-même.

Enfin la grâce, en s'emparant de l'âme, détruit en l'homme l'hydre de la paresse, qui, non contente de s'engraisser du fruit du labeur des autres, fait de l'homme une brute non-seulement inutile, mais dangereuse; car, branche parasite de l'arbre de l'humanité, le paresseux, non content d'être stérile, se nourrit de la séve qui devait nourrir les rameaux chargés de fleurs et de fruits.

L'homme mou, indolent, paresseux, manquera toujours de l'héroïsme nécessaire pour dompter ses passions, et leur laissera la bride sur le cou, comme à des chevaux fougueux que la main est trop faible pour retenir. Le chemin du ciel est escarpé, il faut une énergie surnaturelle pour l'escalader : le paresseux ne se donne même pas la peine de se mettre en route pour y arriver. Après avoir passé sa vie plongé dans la fangeuse ignominie de la débauche et de l'ivresse, sans souci de ses destinées éternelles, il meurt sans repentir. La présence d'une pareille brute au ciel serait une injure à la vertu, un démenti à l'esprit même de la tradition, enseignant que c'est par le renoncement à soi-même que l'on s'empare du royaume des cieux.

Il faut que les sept têtes de l'hydre de la chair aient été écrasées en l'homme, avant qu'il puisse exercer la charité, qui est composée des sept vertus qui sont la manifestation d'une âme animée de la grâce et qui naissent par la mort des sept vices, œuvres manifestes de la chair. Aussi, tandis que les enfants de la chair, qui sont les loups dévorants du troupeau de l'humanité, répandent le sang de leurs frères et font couler leurs larmes, pour nourrir leur orgueil d'honneur, leur avarice d'or, leur luxure de courtisanes, leur envie de sang, leur gourmandise de viande et de vin, leur colère de vengeance, leur paresse du travail des autres ; en un mot font la guerre à la société sur les champs de bataille ou sur le tapis vert, à la Bourse, dans le but de se revêtir déloyalement des dépouilles des autres, les fils de lumière donnent leurs soins avec humilité, leur or avec désintéressement, leur cœur avec amour, leur temps, leur bienveillance, le fruit de leur labeur avec plaisir aux autres, ne demandant pas ici-bas leur récompense et la reconnaissance à ceux qu'ils obligent; mais agissant pour Dieu et attendant tout de lui, persuadés qu'il n'admettra dans son paradis aucun de ceux qui dans leur vie auront volontairement fait couler le sang de leurs frères et égoïstement répandu leurs larmes. Mais ceux qui dans leurs actes auront été bienfaisants et dans leur accueil bienveillants pour tous, en un mot les miséricordieux qui mourront ayant la bonté répandue sur les traits, au front l'auréole de la douceur, au cœur la passion du désintéressement, aux lèvres encore un sourire de mansuétude, de charité et d'amour; en un mot ceux-là seuls qui auront aimé jusqu'à l'abnégation d'eux-mêmes les petits, les faibles, les pauvres, les souffrants, entreront dans le royaume de Dieu.

Du moment que les individualités ressuscitent et que les personnalités persistent au delà du tombeau, le paradis ne serait plus un lieu d'ineffables béatitudes, si les méchants au cœur de pierre, les mains tachées du sang des faibles, l'œil ardent de convoitise, le sourire impie et féroce, y étaient admis aussi. La clef qui ouvrira la porte du ciel sera la charité, et ceux seulement qui seront revêtus de la blanche et pure lumière de la grâce, comme d'un vêtement d'innocence, auront la gloire d'y être admis.

Il y a encore d'autres signes qui annoncent que le Saint-Esprit a choisi une âme pour sanctuaire. Ces signes nous semblent très-bien définis dans ce passage de l'apôtre saint Paul : « Il y a des grâces différentes, mais il n'y a qu'un seul Seigneur : l'un reçoit par le Saint-Esprit le don de parler avec sagesse; un autre, celui de parler avec science par ce même esprit; un autre le don de la foi par cet esprit; un autre reçoit du même esprit la grâce de guérir les malades; un autre le don des miracles, un autre le don de prophétie, un autre le discernement des esprits, un autre le don de parler diverses langues, un autre le don de les interpréter.

Nous pouvons résumer ces signes en disant que d'enfants de ténèbres il faut que, par la grâce, nous soyons faits enfants de lumière ; aidés de l'espérance en l'immortalité et de la force de Dieu, nous transformerons notre âme en sacrificateur et notre chair en victime, et l'auréole de la sainteté brillera autour de nos tempes saignantes, sous la couronne d'épines de la mortification, comme un signe de la gloire qui nous attend au ciel.

VII

NATURE, ESSENCE ET MINISTÈRE DES ANGES.

> On ne nie pas Dieu impunément sur la terre. Les hommes devancent sa justice et couvrent d'un voile noir le nom qui leur rappelle cet outrage.
> PAUL DE SAINT-VICTOR.

Nous aimons à proclamer, en étudiant une question qui touche à un des plus hauts dogmes du christianisme, que le cachet le plus manifeste d'un esprit sans élévation est l'incroyance à l'existence des anges ; c'est vouloir éclairer le soleil que de démontrer une vérité aussi évidente. Cependant, il est souvent utile de rappeler aux hommes les hautes vérités de la religion. Nous ferons descendre, pour ainsi dire, les anges de leur splendide séjour, afin que l'œil de l'intelligence puisse les voir et faire connaissance dès cette vie avec les lumineux compagnons de son éternité. On a l'habitude de donner le nom d'ange aux femmes, sans doute pour constater que la grâce de Dieu réside en elles, comme en ces esprits de lumière, et les revêt d'un vêtement de céleste beauté; en leur faisant connaître ce que c'est qu'un ange, nous espérons leur démontrer que ce titre est aussi difficile à mériter que glorieux à porter.

Nous avons considéré l'homme comme un divin assemblage des deux natures, ce qui, au moyen âge, lui faisait donner le nom singulier d'*animal-ange;* mais, au lieu de l'étudier selon le corps, nous allons l'étudier selon l'âme, car ce n'est pas les mystères de la nature que nous nous proposons de sonder, mais les merveilles de l'éternité que nous nous proposons de décrire, et ce livre tire son importance de la nature du sujet que nous traitons; car, par un bienfait de la Providence, la véritable patrie, c'est le ciel; et, si l'homme mortel ne fait que passer sur la terre, c'est que Dieu a hâte de le recevoir promptement dans son paradis.

Jusqu'au seizième siècle, tous les regards, invinciblement tournés vers le ciel, s'efforçaient d'en contempler les merveilles; de là, ces monastères qui s'élevaient de toutes parts, les déserts qui se peuplaient de cénobites qui y venaient mourir au monde, à la terre, pour renaître dès cette vie à la grâce, et ces innombrables écrits, fruit des contemplations béatifiques des extatiques, si nombreux dans ces temps de foi auxquels nous empruntons nos idées. Semblable en cela aux abeilles qui pompent sans scrupule le suc des fleurs pour en former un miel, que les plus intelligents ouvriers seront toujours inhabiles à extraire des mêmes plantes, le scepticisme, en philosophie comme en littérature, a détourné le regard des cieux et l'a tristement reporté sur la terre; mais le scepticisme n'est autre chose que l'examen, c'est-à-dire le pont jeté entre la foi aveugle et la foi éclairée. On part du catéchisme, on consume sa jeunesse à étudier toutes les religions et toutes les philosophies, et, après avoir été longtemps ballotté par le vent du doute, on rentre dans le port de la vérité, et le code de sa foi se trouve de nouveau être le catéchisme.

La première création du verbe de Dieu fut celle des esprits immatériels ; il leur donna le nom d'anges ou ménagers et les éclaira de sa lumière et les anima de sa vie propre, et leur donna la liberté de rester unis avec lui par les liens attractifs de la lumière, ou de s'en séparer en les rejetant de leur être. Un grand nombre les rejetèrent et furent envahis par les ténèbres. De là, ces deux grandes divisions, les esprits de lumières et les esprits de ténèbres. Les Grecs, et après eux les chrétiens, donnèrent le nom de diables aux esprits de ténèbres, mot qui signifie *désunir*. En effet, les diables sont non-seulement des esprits séparés de Dieu pour l'éternité, mais encore des esprits dont tous les efforts tendent à désunir les hommes entre eux, et à les empêcher de s'embrasser en frères sur la poitrine et dans les bras de celui qui a résumé les vœux de son cœur en disant : *Aimez-vous les uns les autres*. Pour nous, laissant aux investigations de la science le monde visible, nous allons, dans une méditation contemplative, nous élever jusqu'à l'étude de l'essence de la nature des anges; c'est avec béatitude que nous écrivons ces pages, car les cœurs blessés respirent avec plus de délices la pure lumière du monde surnaturel que les pâles poitrinaires ne respirent les brises tièdes et embaumées de l'Italie.

Il y a un grand nombre de jeunes gens par l'âge, qui déjà ne le sont plus par le cœur; ces êtres caducs ont tellement attaché leur âme à la matière corporelle, qu'il leur est impossible de comprendre qu'il existe des esprits immatériels; ce sont ces hommes vulgairement connus sous le nom de *jeunes gens du monde*, qui ont fait des croyances les plus hautes *une mode*, et qui regardent comme un cachet de bon ton de croire seulement à ce que leur cervelle étroite peut comprendre, c'est-à-dire à rien de grand, rien de vaste, rien d'élevé, car leur cerveau sans capacité ne peut concevoir aucunes des hautes vérités que les grands génies de tous les temps ont proclamées avec vénération. Il est évident que la stupide négation des hommes superficiels, touchant l'existence des anges, ne pouvant nous arrêter, nous entrerons dans notre sujet en donnant la définition du grand théologien Damascène, disant que l'*ange est une substance intellectuelle, libre de volonté incorporelle, immortelle, créée pour le service du Créateur.*

Nous allons donner l'explication de chacun de ces termes, afin que l'homme puisse voir avec les yeux de son intelligence ces anges, et avoir enfin conscience de ce que c'est que l'âme, car l'âme est un ange intérieur créé par Dieu pour remplir un des siéges célestes demeurés vacants par la chute et l'apostasie des anges déchus, et divinement infuse au corps de l'homme, qui en captive sur la terre les manifestations surnaturelles. Ce terme d'*intellectuelle substance* signifie un entendement très-parfait et nullement enveloppé comme le nôtre dans les liens corruptibles d'une nature terrestre. Lorsque, par le sommeil, le corps est anéanti dans un assoupissement momentané, les facultés de l'entendement n'étant plus captivées par l'action oppressive de la chair, se délient. L'âme s'éveille, la brute dort en l'homme, mais l'ange y vit. Or, le corps étant momentanément supprimé par le sommeil, et l'homme n'existant alors que par l'âme qui est en lui, il devient comme les anges *une substance intellectuelle* qui, sans le ministère des organes matériels, voit, connaît tout ce qui, dans l'état de veille, est invisible et incompréhensible à ses sens bornés et grossiers, comme le limon dont ils ont été formés.

L'ange est *libre de volonté*, car il n'a pas, comme l'animal, le despotisme des instincts pour règle, et, maître de chacune de ses actions, il n'a même pas, comme l'homme déchu, à lutter sans cesse contre la tyrannie des passions et la concupiscence de la chair; il est souverain de lui-même, et il n'est pas exposé, comme jadis Hercule, à sentir les ardeurs incendiaires de la robe de **Déjanire** embraser son sang des feux du désir et le faire circuler avec une passion avide d'expansion. Aussi les saints, qui ont vaillamment combattu et héroïquement souffert pour rester libres et souverains d'eux-mêmes, auront au ciel une gloire plus éclatante que les anges.

L'ange est une substance incorporelle et immortelle; la substance des anges étant incorporelle, elle n'est pas visible pour les yeux des sens ; de plus, aucun élément matériel n'entrant en sa composition, il n'y a rien en eux de périssable ou de soumis à la dissolution, partant à la mort. *Les anges sont créés pour le service de Dieu.* Saint Augustin dit, en ses *Confessions*, cette phrase qui nous a toujours beaucoup frappé : « Seigneur, vous avez fait deux choses : l'une proche de vous, c'est la nature angélique; l'autre éloignée de vous, c'est la matière informe. » Or nous savons que, plus un objet est rapproché de Dieu, plus il participe à sa beauté; c'est pour cela que nous sommes en droit de proclamer la beauté resplendissante et divine des anges, d'accord avec les peintres qui leur ont donné des traits d'une grâce exquise, des formes d'un charme ravissant, des attitudes d'une idéale pureté, et ont éclairé leur chair d'une splendeur divine ; ils ont, de plus, mis à leur dos, des ailes pour démontrer la promptitude avec laquelle, à travers les mondes visibles et invisibles, ils exécutent les ordres de Dieu; le propre de la beauté est d'inonder de béatitude ceux qui le contemplent. Aussi l'une des béatitudes du ciel sera la compagnie des anges, de même que, sur la terre, l'une des plus hautes voluptés est la compagnie des femmes qui, par la grâce charmante de leur séduisante beauté et la douce clarté qui illumine leurs traits d'un reflet céleste, ont mérité le nom si beau et si divin d'ange ! Les anges, comme les âmes, ont une parole ; mais leur parole est immatérielle et impondérable, car ils n'ont ni chair, ni os, ni muscles, ni aucuns organes corporels, à l'aide desquels ils puissent articuler des sons. Ce genre de parole est nommé, par les théologiens, *communication d'espèce*, c'est-à-dire qu'ils se communiquent entre eux, en montrant en leurs pensées l'image de ce qu'ils ont à se dire. Pour rendre ce genre de langage plus compréhensible à tous, saint Denis nomme les anges des miroirs spirituels, car l'intelligence d'un ange, comme une glace, reçoit l'image qui est dans l'intelligence d'un autre ange qui désire la lui communiquer. Souvent les magnétiseurs conversent de la sorte avec leurs somnambules, et, sans le secours grossier d'une parole articulée et matérielle, ils lui transmettent leurs pensées.

Toutes les connaissances sont innées chez l'ange, car, étant une substance intellectuelle, il connaît tout ce qui est, a été et sera; de plus, son intuition est si profonde, que, pénétrant en dedans des choses, il saisit simultanément les effets et les causes. Les anges possèdent toujours une science égale au degré de lumière qui les illumine, en sorte que leur science n'est, comme chez les somnambules et les extatiques, que de la *lucidité*.

L'homme, dans son orgueil et dans son ignorance, a demandé la science à l'observation et à la raison, et il n'a reçu qu'une science bornée et incomplète, car la science est l'acquisition de la grâce de Dieu, qui anime l'âme de sa lumière et la rend semblable aux anges, et les idées ne sont que les vérités du monde invisible aperçu par les yeux de l'âme. Aussi, persuadée de cela, la haute sagesse de l'Église considère la science comme un don du Saint-Esprit animant l'âme de sa lumière et lui donnant la force nécessaire pour contempler, avec une incroyable délectation, les réalités du monde visible et invisible dérobées aux yeux des sens et aux investigations d'une science matérialiste par le voile du mystère.

Nous avons parlé de la puissance de l'homme, avant sa chute, sur les éléments; les anges sont restés possesseurs de cette force redoutable qui soumet la matière et tout ce qui est corporel aux substances spirituelles. Aussi, tous les corps, de quelque nature qu'ils soient, obéissent à la volonté des anges, comme nos membres obéissent à la volonté de nos âmes ; les anges, plus rapides que la pensée, se transportent d'un bout de l'espace à l'autre, ils ne peuvent être enfermés ni emprisonnés en un lieu, car, étant immatériels, il serait absurde d'admettre qu'ils puissent être environnés par un obstacle matériel. Une pierre ou un corps matériel occupe tellement un lieu, qu'il est impossible, si on ne l'ôte, d'en mettre un autre à sa place; mais, quand une chambre serait remplie complétement par le métal le plus dur, cela n'empêcherait pas un ange de s'y loger ; car ils résident dans le bois, les pierres, les métaux et autres objets corporels, comme un rayon de soleil dans un morceau de cristal. Il leur est aussi facile d'habiter un bloc de marbre que l'air le plus subtil; notre corps, suivant l'expression de saint Paul, doit ressusciter spirituel pour ne pas priver l'âme des facultés admirables qu'elle possède en sa qualité d'ange, et sans lesquelles sa béatitude serait incomplète, car des liens tiendraient encore ses manifestations captives. C'est persuadé de cette vérité que, de ses lèvres décolorées, le chrétien, étendu sur son lit de mort, sourit en voyant venir le grand jour de la résurrection, où son âme, ange de lumière, volera libre et triomphante vers son Dieu!

VIII

LE MONDE DES ESPRITS ANGÉLIQUES.

> Les hommes, selon la diversité de leurs mérites, occuperont les places vacantes parmi les différents ordres des anges.
> Saint Grégoire.

> Les premières places du royaume de Dieu sont réservées à ceux qui l'ont le plus aimé.

Le plus grand des dons qu'une âme puisse acquérir est le don de sagesse. Ce qui distingue la sagesse de la science, c'est que la sagesse donne à l'intelligence la connaissance des vérités éternelles du monde surnaturel, tandis que la science ne donne que la connaissance bornée et imparfaite des propriétés de la nature.

Par une permission de Dieu, le rayon de la lumière divine, qui entr'ouvre à l'âme les merveilles du monde surnaturel, semble fuir le front du savant orgueilleux pour éclairer d'une auréole celui des êtres les plus humbles, les plus ignorants, les plus souffrants; car ce sont les pauvres qui, comme le Fils de l'homme, n'ont que la pierre du grand chemin pour reposer leur tête, qui sont le plus habituellement visités par l'Esprit-Saint et qui entrevoient, dans une vision béatifique, le royaume de Dieu, céleste héritage réservé à tous ceux qui auront souffert et aimé ici-bas. Pour nous, après avoir longtemps ensanglanté nos pieds aux ronces du chemin d'une science menteuse, nous pouvons faire notre profession de foi en trois mots : nous croyons le *Credo*, tout le *Credo*, rien que le *Credo*.

Tous les extatiques reconnaissent que le nombre infini des esprits angéliques est disposé avec harmonie, et qu'ils sont rangés par ordre de lumière. Saint Denis l'Aréopagiste, l'apôtre des Francs, converti à la religion chrétienne par saint Paul, et qui tenait de ses lèvres sacrées le récit des merveilles qu'il avait vu lorsque, ravi au ciel, il eut la béatitude de contempler l'essence divine, dit avoir appris de son précepteur et maître saint Paul que les anges, dès le commencement de leur création, furent divisés en trois hiérarchies, et chaque hiérarchie en trois ordres, afin de représenter en leur triple division l'image de la sainte Trinité. Les neuf ordres qui forment la hiérarchie céleste sont les Anges, les Archanges, les Principautés, les Puissances, les Vertus, les Dominations, les Trônes, les Chérubins et les Séraphins. Les trois ordres les plus proches de la Divinité sont immédiatement illuminés de Dieu, et reçoivent de lui-même ses commandements, qu'ils transmettent et font exécuter par les autres. Tous agissent sur nos âmes en leur communiquant l'essence fluidique qui est leur vie, l'esprit qui les anime et qui, par conséquent, a toutes les vertus propres à l'être dont ils émanent; ils éclairent notre intelligence et échauffent nos cœurs, et nous tendent une main céleste et invisible pour nous aider à franchir les obstacles et à éviter les périls qui se dressent devant le chrétien qui s'est mis en marche pour le long et pénible pèlerinage du royaume des cieux.

Les Séraphins occupent le premier rang dans la hiérarchie céleste des esprits; ils sont appelés Séraphins, mot qui en langue hébraïque signifie *enflammés* ou *brûlants*; car, ayant la glorieuse et souveraine béatitude d'être les plus rapprochés du Créateur et doués de la plus parfaite nature, ils pénètrent plus avant en la majesté de l'essence divine que les ordres inférieurs, et, en conséquence, ressentent au plus haut degré les ineffables délices de sa présence, goûtent les douceurs infinies de sa bonté. Ravis, transportés, enflammés pour Dieu du plus violent amour, ils brûlent sans cesse pour lui d'une ardeur d'autant plus grande, qu'ils en sont plus près et aperçoivent plus clairement la lumière de de sa Divinité. Ils communiquent aux âmes et aux esprits les feux inextinguibles de l'amour divin qui les embrase; ils sont, dans le monde de l'éternité, les représentants de l'amour et occupent le premier rang; car Dieu a réservé les premières places en son royaume à ceux qui l'auront aimé ici-bas de cet amour immense, infini, surhumain, qui a créé les martyrs, les apôtres et les saints, et inspire aux vierges chrétiennes la courageuse résolution d'aimer mieux sentir leur chair blanche et virginale palpiter sous la dent cruelle d'un lion ou la griffe aiguë d'un tigre que sous la caresse enivrante d'un amant. Le monde traite cet amour d'*extravagant*, nous acceptons ce mot, qui signifie « aller au delà; » en effet, une âme enflammée de cet amour est certaine d'*aller au delà* de ce monde occuper une des premières places du royaume de Dieu.

Les Chérubins. — Au second ordre sont assis les Chérubins, très-heureux esprits et parfaitement éclairés de la sagesse divine, sujet habituel de leur contemplation. Leur nom signifie *très-sage;* en effet, ces anges sont très-versés dans la connaissance des hauts secrets des choses divines. On leur donne le nom de lumineux et de resplendissants, parce qu'étant les représentants de la science au ciel, ils communiquent aux ordres inférieurs cette plénitude de lumière qu'ils puisent sans cesse en l'abîme de l'éternelle vérité ; ils ont aussi pour mission d'attirer les hommes par leur spirituelle influence à la vraie et salutaire connaissance de Dieu.

Les Trônes. — Au troisième rang sont ces anges que saint Denis appelle les très-saints et les très-hauts siéges de la Divinité. Ce nom leur est très-convenablement imposé pour deux raisons : premièrement, parce que Dieu communiquant aux Séraphins les amoureux effets de sa bonté et aux Chérubins sa très-haute sagesse, il veut manifester en ces troisièmes la tranquillité, le repos et l'immutabilité de son essence et de sa béatitude. Dieu réside paisiblement en eux comme en son temple. Leur mission est d'éveiller la conscience en l'homme, de lui inspirer la salutaire appréhension de la justice de Dieu, et de préparer l'âme à la réception du Saint-Esprit et de la grâce divine, pour en faire ici-bas le sanctuaire bienheureux de celui qui fait ses délices de résider parmi les enfants des hommes.

Pour résumer et faire comprendre la nature de l'esprit qui anime chacun de ces trois ordres de la hiérarchie supérieure du monde angélique, nous dirons que les Séraphins sont enfants d'amour et de bonté; les Chérubins, enfants de sagesse et de vérité; les Trônes, enfants de justice, de paix et de sainteté.

Les Dominations. — Les premiers esprits de cette seconde hiérarchie sont appelés Dominations, enfants de la majesté divine, exempts de toutes servitudes extérieures; ils admirent au ciel, où ils demeurent toujours, l'incompréhensible grandeur de Dieu; ils la suivent de toute la véhémence de leur désir et de tout leur pouvoir; ils impriment en eux la similitude de sa très-haute et souveraine domination. Par ces très-sages esprits, Dieu régit et gouverne le monde inférieur.

Nous sommes tous aidés par les Dominations dans la lutte qu'ils livrent à la passion, afin de briser les liens abjects de la chair, et que, souverains d'eux-mêmes, ils puissent élever leur intelligence jusqu'à la connaissance des vérités surnaturelles, et présenter à Dieu un cœur assez pur, une âme assez forte, pour régner un jour avec ces anges au sein de l'éternelle béatitude.

Les Vertus. — Le second ordre de cette hiérarchie céleste se nomme les Vertus, esprits infatigables, doués d'une force merveilleuse et d'une haute lucidité, qui reçoivent, avec un sentiment de souveraine béatitude, la réverbération de la splendeur divine. La plupart des miracles opérés par les anges et relatés dans l'Écriture sainte et dans l'Histoire ecclésiastique ont été opérés par cet ordre des esprits angéliques. Leur ministère auprès des hommes est de leur communiquer une force extra-humaine pour escalader le ciel.

Les Puissances. — Ce qui distingue les Puissances de l'ordre précédent est que, tandis que la force des Vertus est une force opérante, celle des Puissances est une force de résistance, pour résister à la puissance diabolique et en neutraliser la malice et l'envie. Saint Grégoire et saint Bernard affirment que ces esprits ont pour mission de résister aux efforts du démon, qui s'efforce d'entraîner les hommes hors du chemin du salut.

L'Église romaine, avec une rare intuition de la hiérarchie céleste, pour nous insinuer le respect que nous devons à la majesté divine, chante à la préface de la messe : « *Per quem majestatem tuam laudent angeli, adorant Dominationes, tremunt Potestates, cœli ac cœlorumque Virtutes ac beati Seraphim socia exultatione concelebrant :* C'est par lui (Jésus-Christ) que les *Anges* louent votre majesté, que les *Dominations* l'adorent, que les *Puissances* lui rendent leurs hommages avec un saint tremblement, et que les cieux, les *Vertus* des cieux et les *bienheureux Séraphins* célèbrent de concert sa gloire dans des transports de joie. »

Nous avons tenu à citer ce passage pour démontrer que nous ne sommes pas un novateur anarchique, et que, comme Fourier, nous ne baptisons pas les idées que nous énonçons des noms les plus ridicules qu'il soit possible à un cerveau d'inventer.

Les Principautés sont le premier ordre de la troisième hiérarchie, qui est la plus rapprochée de notre nature spirituelle ; elles tirent leur nom de leur emploi, qui est d'être les gouverneurs angéliques des nations. Selon saint Isidore, leur mission est de porter les prières à Dieu et de préserver les peuples de l'anarchie sociale.

Les Archanges sont les principaux d'entre les messagers célestes ; ce sont eux qui annoncent aux hommes les plus grands événements. Saint Michel Archange est à jamais célèbre pour avoir terrassé le chef des Anges révoltés contre Dieu.

Les Anges. — Le dernier ordre est celui des Anges, esprits obéissants, bienheureux messagers du Dieu trois fois saint ; ils exécutent les commandements divins avec tant de dévouement, que nous exprimons le désir que toutes les créatures les imitent, lorsque nous récitons dans le Pater : *Que votre volonté soit faite sur la terre comme au ciel.* Chaque homme a un bon Ange qui l'instruit en la connaissance de Dieu, le guide et le défend contre le démon.

Nous avons emprunté nos idées sur les Anges à saint Denis, qui affirme les avoir entendues de la bouche de saint Paul, peu de temps après son ravissement au ciel. Saint Athanase rapporte avoir connu plusieurs extatiques auxquels la vision des esprits était familière, et qui éprouvaient un tel sentiment de béatitude en présence des Anges, que, lorsqu'ils disparaissaient, leurs âmes faisaient un effort pour sortir de leurs corps, afin de les suivre et de ne se séparer jamais de leur douce et très-aimable compagnie.

Trois questions se présentent naturellement à l'esprit de l'homme qui recherche le rôle des Anges dans l'œuvre mystérieuse du gouvernement du monde par la Providence, et interroge sa sagacité intuitive en lui demandant comment, à qui et pourquoi les Anges apparaissent aux hommes. Nous allons répondre à chacune de ces trois interrogations par les lèvres sacrées des hommes qui, d'après le témoignage même de la tradition chrétienne, sont restés vivants dans la vénération des peuples catholiques et sont justement réputés comme ayant, durant le temps de leur vie sur la terre, été manifestement éclairés de la lumière de l'Esprit-Saint.

Nous avons l'habitude de citer le témoignage des Saints, parce qu'après avoir étudié avec conscience, durant les longues heures de silence et de contemplation où nous méditions sur le grave mystère de nos destinées éternelles, les symptômes de l'état extatique et les caractères de l'inspiration divine, nous avons reconnu, avec l'Église qui les a proclamés bienheureux, qu'en eux existait, à un degré supérieur, l'intuition des vérités surnaturelles et une lucidité plus constante que chez les extatiques et somnambules que nous avons rencontrés dans le monde profane ; aussi, le cœur confiant et l'âme tranquille, nous avons endormi notre tête sur l'oreiller de la foi, en répétant, de nos lèvres éclairées de la grâce d'un sourire d'espérance : *Resurgam*, je ressusciterai ; ce mot, comme un cri de triomphe, nous le jetons aux quatre vents du ciel, afin qu'étant entendu par le peuple qui souffre, par la femme qui pleure, par la jeunesse qui attend, il les rallie tous autour de la croix ensanglantée de Jésus comme autour d'un étendard consolateur, de foi, d'espérance et d'amour.

Nous avons, dans notre *Monde prophétique*, décrit un phénomène résultant de l'union magnétique de deux fluides, que nous avons nommé du nom de possession, par lequel le magnétiseur prend, pour ainsi dire, possession de la personne qu'il magnétise ; en sorte que ce n'est plus elle qui vit, qui pense, qui veut, mais son magnétiseur qui vit en elle par son fluide ; l'identification devient si intime, que le sujet voit avec les yeux de la personne avec laquelle il est en rapport, pense avec son cerveau, entend avec son oreille ; en un mot souffre de toutes les souffrances qu'il endure, jouit de la jouissance qu'il ressent.

Ce phénomène rend compréhensible le dogme de la communion des Saints, que l'Église catholique proclame et qui fait que les habitants du royaume des cieux entrent en communion directement par l'union de l'esprit qui les anime avec les êtres qui peuplent la terre, en leur communiquant la vie surnaturelle et divine qui leur est propre.

Avec une sublime compréhension de cette action de l'esprit qui avait opéré en lui, le prophète Ézéchiel disait : « L'Esprit m'éleva entre le ciel et la terre et m'amena en Jérusalem par les visions du Seigneur. » On sent alors je ne sais quelle douceur couler en l'âme et la ravir extatiquement à la terre : c'est un avant-goût des béatitudes célestes qui vous rendent participant à la béatitude glorieuse de l'Église triomphante.

Outre cette communion des Anges et des saints avec les hommes, en qui ils descendent en esprit et auxquels ils font sentir les délices de leur présence, en les fortifiant divinement de leur force, en les éclairant de leur lumière, en un mot, en vivant en eux, par l'esprit qu'ils puisent dans le sein même de Dieu, il y a la possession des hommes par l'esprit des démons, en sorte que l'âme humaine semble être un champ de bataille où les esprits de lumières livrent un perpétuel combat aux esprits des ténèbres. La haute sagesse du christianisme a conçu cette vérité avec une si merveilleuse lucidité, qu'elle a consacré des autels aux saints et aux anges, afin d'y attirer et d'y concentrer l'esprit divin qui les anime, et que les hommes y aillent s'unir d'esprit avec eux, et deviennent en conséquence participants des vertus sublimes qui sont le signe glorieux de leur individualité. Si le protestantisme a attaqué avec une extrême ignorance le culte des anges et des saints, c'est que, par suite de son peu de connaissance des mystères du monde surnaturel et de son manque d'intuition, il n'a pu se rendre compte de l'action invisible et sanctifiante des anges et des saints sur l'homme; sa raison, semblable à un oiseau de nuit, a voulu contempler le soleil de la vérité éternelle, et elle a été foudroyée et est tombée saignante dans la fange de la plus ignoble abjection.

Les Anges étant incorporels et d'une nature invisible, il est impossible aux yeux de la chair de les voir; ils ne peuvent être aperçus que par l'âme des extatiques ; mais, comme l'a cependant remarqué, avec une rare sagacité, le grand théologien saint Ambroise, s'il n'est pas en la puissance de l'homme de les apercevoir, il est en la puissance des Anges de leur apparaître dans ce cas, tout en conservant la simplicité de leur essence immatérielle. Ils se revêtent d'un corps qui, par sa forme, est une révélation visible de la mission qu'ils ont à remplir. En parfaite communion d'idée avec les Pères et les docteurs de l'Église, nous nous servons ici du mot revêtir, car il n'est pas en leur pouvoir de s'unir essentiellement à la matière et de lui donner la vie et le sentiment; car, suivant les hauts principes de métaphysique, posés précédemment par nous, la première et principale différence qui existe entre l'Ange et l'âme, c'est que l'âme peut toujours s'unir à un corps et constituer un seul être qui est l'homme, tandis que l'Ange est par lui-même une nature complète ; un ange peut se revêtir d'un corps et lui donner la figure qu'il voudra ; mais ce sera toujours un corps sans vie, qui ne boira et ne mangera qu'en apparence, et la nourriture n'a pas plus d'action sur eux qu'elle n'en a sur nos vêtements, auxquels elle ne communique ni force, ni croissance. Les Anges s'habillent d'un corps d'une beauté céleste et d'une grâce féminine, afin de séduire nos cœurs et de charmer nos yeux; car, dans la création, il n'y a rien de plus propre à engager à la confiance et à inspirer l'amour que les traits si délicatement modelés, les yeux rayonnants d'un éclat humide, la chair éblouissante, douce et soyeuse, les lèvres éclairées par la grâce du sourire, et cette pure, noble et inaltérable sérénité que nous admirons dans la femme, qui, par une jouissance invisible et enchanteresse, depuis le commencement du monde, force les cœurs à l'aimer, les bras à la défendre, et porte, dans ses petites mains blanches, effilées et mignonnes, un sceptre d'or, signe de sa souveraineté, que l'orage des révolutions, aux jours des tempêtes populaires, n'a jamais pu lui arracher.

Les Anges n'apparaissent que très-rarement et choisissent de préférence les saints, les prophètes et les membres de cette famille bénie du Seigneur qui a renoncé aux biens et aux richesses périssables de ce monde, pour se livrer dans la retraite à l'œuvre importante de leur salut, et se dévouer cœur et corps à la noble cause de l'humanité souffrante, et ils ne leur apparaissent que pour leur transmettre les ordres de Dieu, leur maître.

L'Écriture sainte et l'Histoire ecclésiastique

relatent un grand nombre d'apparitions d'Anges ; nous ne les citerons pas, dans la crainte de faire injure à la mémoire de nos lecteurs. La science explique les apparitions des Anges par un dérangement complet des facultés du cerveau, chez ceux qui les voient, préférant nier et insulter ce qui dépasse ses connaissances si bornées que de se prosterner humblement devant Dieu et d'adorer sa toute-puissance; mais la négation infertile de quelques aliénistes impuissants ne peut rien devant l'affirmation de la tradition chrétienne qui, depuis des siècles, semblable aux pyramides, drapée dans l'immuabilité de sa majesté séculaire, brave le temps toujours mortel à l'erreur et se rit des niaiseries éphémères d'une science impie pour nous.

Nous ne pouvons nous empêcher de bénir les liens par lesquels le christianisme refrène notre raison et l'empêche de suivre, dans le chemin de la démence, ces rationalistes imbéciles. Nous défendons à la philosophie de toucher à ces chaînes que les chevaliers, nos aïeux, portaient avec le même amour et la même fierté que l'armure de combat de leurs pères.

Si nous consultons les archives vénérables de la tradition chrétienne et pénétrons dans le sanctuaire du Saint des saints, avec une intelligence assez éclairée de la lumière divine pour s'élever jusqu'à la contemplation des desseins de Dieu, nous nous convaincrons facilement que Dieu en créant l'homme a eu pour but de remplir les siéges que les Anges rebelles ont perdu. Tous les théologiens que nous avons consultés se sont trouvés en confraternité d'idée avec nous sur ce point, que, des Anges de tous les ordres inférieurs, moyens et supérieurs, ayant été précipités dans l'abîme, il faut nécessairement que les âmes viennent remplir les siéges qu'ils ont laissés déserts.

Les hommes, dit saint Grégoire, selon la diversité de leurs mérites, auront droit à occuper les places vacantes parmi les différents ordres des Anges; ainsi ceux qui, comme Marie-Madeleine, auront aimé Dieu d'un amour infini, prendront place dans le ciel à côté des Séraphins. Les docteurs de l'Église et les grands théologiens, qui ont consacré leur vie à étudier les lois les plus cachées du monde surnaturel, auront droit à la gloire des Chérubins, ces théologiens célestes.

Les hommes qui ont écouté la voix de leur conscience et marchent d'un pas ferme dans le chemin de la droiture, régneront au ciel parmi les Trônes; ceux qui auront ici-bas commandé à leurs passions auront droit à être classés parmi les Dominations; les martyrs et tous ceux qui auront sacrifié, pour leur foi, leur bien, leur vie, leur liberté, seront admis parmi les Vertus; ceux qui auront fait triompher la cause de la religion auront droit à la souveraine béatitude des Puissances; ceux qui emploient leur autorité à faire connaître, aimer et servir Dieu, seront jugés dignes d'être mis au rang des Principautés; ceux qui auront évangélisé leurs frères seront mis par Dieu au rang des Archanges; enfin ceux qui auront aimé Dieu et leur prochain, et ont accompli ici-bas l'œuvre de leur salut, auront place au ciel parmi les Anges; car l'âme après la mort est reçue en sœur par les Anges, dont elle a été sur la terre la vivante image et dont elle continuera à faire briller les vertus dans le ciel.

Notre croyance aux esprits angéliques paraîtra une folie à cette multitude de cerveaux bornés qui ont respiré, de leurs narines sottement ouvertes, l'air d'incroyance fatalement répandu dans l'air depuis deux siècles. Comme eux nous avons douté de l'existence des esprits angéliques; mais pour nous le doute a été le commencement et le modèle des études qui nous ont conduit à la vérité. Lorsque nous avons eu constaté la débilité d'esprit des négateurs et la supériorité d'esprit de ceux qui affirmaient; quand nous avons reconnu que cette croyance comptait jusqu'au dix-huitième siècle toutes les intelligences supérieures, tous les cœurs héroïques et tous les grands caractères, il nous a semblé que l'on pouvait la proclamer à la face du ciel, sans que les joues aient la lâcheté insensée de rougir d'une croyance que les saints, les prophètes, les martyrs, avaient portée dans leur cœur et annoncée de leurs lèvres sacrées. Aigle blessé par le trait acéré de l'ironie d'une plume arrachée à l'aile ensanglantée de notre foi, nous avons écrit ce chapitre, qui non-seulement décrit à l'esprit les lumineux habitants du royaume de Dieu, mais est de plus une occasion de braver les préjugés et l'incroyance du siècle et de combattre, poitrine découverte et en signant notre nom, pour la défense de la tradition chrétienne, que nous proclamons partout en disant : Voilà la vérité.

IX

BÉATITUDE DES AMES AU CIEL.

> L'esprit est la vie de l'âme ; l'âme et
> l'esprit sont la vie du corps.
>
> Cnolius.

Nous avons lu les livres, vécu et conversé avec les hommes les plus illustres du dix-neuvième siècle, et nous avons reconnu qu'en dehors des croyances basées sur la tradition chrétienne il n'y avait que folie et fourberie. Nous savons faire retentir l'éclat de rire de l'ironie aussi spirituellement que les plus plaisants d'entre eux ; et si nous sommes sérieux, c'est que la vue d'un peuple sans souci de son éternité nous a paru le plus affligeant de tous les spectacles. Espérant parvenir dans les mains de tous les hommes dont le cerveau pense et dont le cœur palpite héroïquement, nous nous sommes efforcé de traduire nos croyances dans un style passionné et de faire courir, sous les lignes de nos livres, la flamme ardente de l'amour et de la foi, pour leur inspirer le goût des vérités éternelles. Nous ne venons pas électriser d'un enivrement déclamatoire les esprits jeunes et généreux, mais présenter le résultat d'études sérieuses et profondes, et dire à tous ceux qui voudront sacrifier quelques heures à l'examen si important de la grande et sublime question de la béatitude des âmes ressuscitées : Voyez et croyez.

Dieu, au commencement des temps, créa une multitude innombrable d'Anges et leur donna pour séjour le divin palais du ciel empyrée ; mais, un grand nombre d'entre eux s'étant révoltés contre lui, il forma la nature humaine pour remplir les siéges célestes et posséder les sceptres et la félicité à jamais perdus par ses esprits rebelles.

L'homme donc (suivant l'admirable expression de saint Augustin) a été fait pour connaître Dieu, le connaissant pour l'aimer, et l'aimant pour jouir de lui. Notre fin est donc la béatitude, seulement depuis le péché originel. Les sens finis de l'homme lui apportent perpétuellement, par un mirage trompeur, l'erreur toutes les fois qu'ils les appliquent à la recherche de l'infini ; par cette raison géométrique, le fini ne peut concevoir l'infini ; de là cette course haletante, éperdue, de l'homme à travers le monde, à la poursuite du bonheur qui échappe à ses mains comme l'ombre à celles de l'enfant, à ses lèvres altérées comme l'onde fugitive à celles de Tantale, et, de déception en déception, le conduit au tombeau, une fosse dans laquelle on descend son cadavre, non pour le repos ou le néant, mais pour le grand acte de la résurrection et du jugement. Avant de montrer que la béatitude existe au ciel, prouvons qu'elle ne peut exister sur la terre et que ce que le monde nomme, dans son langage borné, béatitude, peut se résumer en deux mots : des baisers et des larmes.

Le peuple qui donne le sceptre d'or de la domination au plus riche est un peuple fini ; car nous allons prouver que l'argent est le plus grand de tous les dissolvants et le germe de toutes les dégradations et de toutes les calamités, en poussant fatalement l'homme dans cette voie funeste des jouissances apparentes qui, de degrés en degrés, le fait descendre au-dessous des plus vils animaux.

Dans les temps de foi, la possession de la terre imposait le devoir de verser, au premier rang des armées, son sang pour son Dieu et son pays ; dans le temps d'incroyance où nous vivons, elle donne le droit de verser son sang dans les jouissances de toutes les voluptés homicides. Nous allons énumérer les droits dont use la richesse, et prouver que l'exercice de chacun de ses droits contient un germe de dégradation, de maladie, de mort.

Il est plus aisé, disait Jésus, à un chameau de passer par le trou d'une aiguille qu'à un riche d'entrer dans le royaume de Dieu. Il n'y a ni métaphore ni symbole dans ces quelques mots, mais une vérité incontestable formulée en termes très précis; car le pèlerinage du royaume des cieux se fait pieds nus, un rude vêtement sur le corps, un bâton pour tout bien, la pierre du chemin pour oreiller; il y a du sang, des larmes, des déchirements intérieurs, des cris de douleur dans le grand acte de la renaissance de l'âme : elle s'opère comme la naissance du Fils de Dieu, non dans la somptuosité luxueuse et dorée des palais, mais dans l'étable de l'indigence.

Le premier des droits dont abuse la richesse est le droit à une oisiveté luxueuse, qui énerve l'homme en endormant la vie dans ses sens, et l'effémine en donnant à ses organes une délicate morbidesse qui les rend impropres à braver l'intempérie des saisons, l'attaque des maladies, et le livre sans défense à la main de fer de l'agonie, qui le saisit et traîne aux gémonies sa précoce caducité; car le luxe est le valet de la mort.

Le second est le droit à une nourriture délicate qui transforme l'homme, cet ange terrestre, en un sac à pain et à viande rivalisant de capacité avec un tonneau, et dont le sang brûlé corrode une chair flasque dont la corruption hâtive appelle déjà le ver, ce convive lugubre du sépulcre.

Le troisième est le droit à la spéculation, qui étiole le cœur, dessèche l'âme, enfièvre le corps par l'appât du gain, et apprend à l'homme à faire passer, avec une apparente légalité, l'argent d'une dupe dans sa poche de fripon ; aussi la propriété a cessé d'être sacrée aux yeux du peuple le jour où, au lieu d'être le prix du sang et le fruit des sueurs des ancêtres, elle a été le résultat d'un coup de dé sur le tapis vert de la Bourse.

Le quatrième droit, le plus homicide de tous, est le droit à la luxure, par lequel l'homme verse dans les bras de marbre d'une femme payée un sang qui est l'huile de la lampe divine de son intelligence, la vie de son cœur, la force de son corps. Si la noblesse, voluptueusement épuisée, voit en frémissant au jour d'émeute, un fusil rouillé à la main, ces hordes menaçantes qui réclament le droit au bien-être, qu'elle

L'ÉTERNITÉ DÉVOILÉE.

tremble et frappe sa poitrine ; car la révolution, c'est le sang altier et dominateur de ses aïeux qui, semé par la débauche dans le sein de toutes les classes de la société, vient en blouse et bras nus réclamer l'héritage de ses pères ; car la révolution est la fille bâtarde de la débauche des grands revendiquant ses droits à main armée.

L'homme de ce siècle a mis son bonheur dans la surexcitation fiévreuse et convulsive de ses sens, et il n'a trouvé que déception et douleur ; il a bu le feu, qui enivre, hébète et calcine, à toutes les coupes, jeté sa bouche à toutes les lèvres de la luxure, et sa couronne de convive s'est fanée, sa beauté s'est flétrie, son corps s'est voûté, ses cheveux sont tombés ; il s'est vendu en détail à la mort, qui a payé de jouissances apparentes chacune des parties de son corps et en a pris livraison. Maintenant il déteste tout ce qu'il a cru aimer, il a l'expérience des vanités du monde, et, semblable à la statue de la douleur, il appelle le néant, et c'est la résurrection qui arrive pour son malheur éternel.

Nous avons salué l'amour comme un rayon de la lumière divine, mais nous avons démontré que la débauche laissait le cœur vide, et qu'à un jour donné la courtisane ne vous semblait plus désirable, malgré ses bras blancs, ses épaules potelées et satinées, sa taille flexible, ses allures de bacchante, ses contacts incendiaires, sa bouche ardente qui s'ouvre comme une fleur vivante, l'éclat provoquant de ses doux yeux, alors que, tentant comme la courtisane amoureuse un dernier effort pour retenir son amant que sa beauté n'enflammait plus de désir, elle lui offre de fouler ses seins sous ses pieds, en lui disant : « Marche, suis-moi ! »

C'est dans ces jours d'abandon, de solitude dernière, que Dieu fait sentir sa grâce à la femme, et qu'alors, prenant dans sa main le sang de son cœur déchiré par les morsures de la jalousie et l'ingratitude d'un amant, comme jadis Julien l'Apostat, elle le jette à la face du ciel, en disant : « Tu as vaincu, Galiléen. » C'est Jésus, le Galiléen, en effet, qui l'a vaincue et terrassée pour la relever et donner à son âme inassouvie l'amour d'un Dieu !

Non-seulement la jouissance est mère de la mort, mais nous proclamons, sans crainte de sembler jeter le paradoxe à la face de nos lecteurs, que la souffrance est le garde-fou de l'existence et le rempart qui protége la vie contre la mort. En effet, sans la souffrance qui avertit l'homme d'une brûlure, il se laisserait infailliblement dévorer par les flammes; sans la douleur de la coupure, il trancherait sans s'en apercevoir son doigt, croyant couper un morceau de bois; sans l'oppression de l'asphyxie, il irait se promener au fond d'un fleuve et périrait inévitablement.

La sensibilité est un symptôme de vie, l'insensibilité un signe certain de mort; la sensibilité morale est due aux vibrations de cette lyre intérieure que l'on nomme le cœur, de ce viscère dont les cordes résonnent sous toutes les impressions morales. On reproche comme une faute à un homme l'insensibilité de son cœur; au lieu de lui en faire un crime, on devrait le plaindre comme un deshérité de la plus suprême béatitude. Un charmant talent de poëte, M. Alfred de Musset, constatait un jour avec nous que les plus hautes inspirations et toutes les intuitions des idées vraies ne venaient pas de la tête, mais étaient perçues par le cœur; la mémoire retient, le cerveau conçoit, le cœur seul perçoit, sent et goûte. Qu'est-ce que la sagesse? le goût du vrai. La philosophie n'est pas l'amour de la sagesse, mais cette disposition organique qui fait les voyants et les extatiques, cette sensibilité des cordes du cœur qui les fait résonner comme celles d'une harpe éolienne sous le souffle inspirateur de l'esprit de Dieu.

Il est donc certain que ni l'ambition ni la possession des richesses ne peuvent procurer à l'homme la béatitude, mais seulement cette prédisposition organisée de l'homme à la royauté extatique, qui lui permet, comme avant sa déchéance originelle, de contempler Dieu, bonheur si immense, que, selon le témoignage même de l'apôtre saint Paul, l'œil n'a pas vu, l'oreille n'a pas entendu l'esprit de l'homme, n'a pas compris les biens ineffables que Dieu réserve à ceux qui l'aiment.

Saint Augustin ayant pris la résolution d'écrire un traité de métaphysique sur l'état du bienheureux, l'âme de saint Jérôme lui apparut et l'avertit qu'il lui serait plus aisé d'enfermer l'Océan dans un petit vase que de rassembler dans un livre toutes les joies de l'éternelle béatitude. Aussi nous venons seulement élever les cœurs et les yeux vers le ciel, pour lequel saint Pierre a bravé avec joie le supplice de la croix; saint Paul, le tranchant du glaive; saint Laurent, les ardeurs du feu. De même que les envoyés de Moïse révélèrent aux Israélites la fertilité de la terre promise, en en rapportant une grappe de raisin si magnifique qu'il fallait deux hommes pour la porter; de même aussi la douce suavité des traits d'une extatique, l'azur éclatant de ses prunelles, amoureusement tournées vers la voûte céleste, ses narines dilatées, sa bouche entr'ouverte par un spasme de bonheur, nous révèlent les béatitudes de la vie future et font apparaître sur ses traits lumineusement transfigurés une si ineffable jouissance, un si extrême ravissement, que l'on livrerait son corps à toutes les tortures de la Passion de Jésus-Christ pour éprouver une minute d'un semblable bien-être.

Le premier symptôme de la béatitude qui se manifeste chez l'extatique, à la vue de l'éternité, est un ravissement infini qui transporte pour ainsi dire tout son être, allonge et grandit ses formes, cambre et roidit ses pieds, de telle sorte qu'il semble ne plus poser sur la terre. Le second est l'auréole de lumière qui éclaire d'une douce et divine clarté la tête angélique de cet être, arrivé à ce degré de l'extase où la terre disparaît et où le ciel s'ouvre et permet à l'œil de se plonger dans le torrent d'ineffables délices de la lumière incréée.

La béatitude de l'âme dans son essence se compose de ces trois bonheurs qui correspondent à ces trois facultés : la vue de Dieu, son amour et sa possession.

L'âme, suivant le poétique langage de l'Église, est une fiancée ; Dieu est l'époux, et la dernière conjonction qui fond l'âme à cet époux mystique se nomme *Noces éternelles*. Si la vue de la beauté terrestre procure une telle béatitude à celui qui la contemple, que les yeux s'allument, le visage s'éclaire, les lèvres s'animent de la grâce d'un sourire, le cœur bat et l'on sent tout son être envahi par cette puissance charmeresse qui n'est autre que le fluide mystérieux qui emporte dans un cercle d'attraction le fer vers l'aimant, les lèvres de l'homme vers la bouche de la femme, combien à plus forte raison la vision de Dieu ; sa contemplation pendant l'éternité emparadisera les ressuscités de délices ineffables. L'âme, apercevant en lui la souveraine beauté, le désire, le chérit et l'aime de toutes ses forces, et comme cet amour tire son origine et son accroissement de la charité pratiquée en cette vie, ceux qui auront le plus aimé Dieu en ce monde l'aimeront le plus parfaitement en l'autre, et pénétreront plus avant en sa connaissance, au grand avantage de leur perpétuelle félicité ; car, en cette vision de Dieu, les bienheureux auront autant de béatitude que d'amour et autant d'amour que de connaissance.

La troisième béatitude de l'âme consiste en l'éternelle possession de l'essence divine, car Dieu, pour béatifier ses créatures, ne se contente pas de se montrer visiblement à elles et de les chérir souverainement, mais il se donne à elles. Ne versons donc pas de larmes et ne nous laissons pas aller au désespoir si l'amour, comme le râle d'une colombe, soupire en notre cœur, et si l'idéal aimé échappe à l'étreinte amoureuse de nos bras, aux baisers de nos lèvres, car c'est Dieu qui permet que nous ne trouvions jamais dans les créatures qu'un amour fugace, inconstant et trouble, pour qu'un jour, prosternant notre visage en pleurs devant son autel, nous livrions notre cœur et notre âme aux flammes éternelles de l'amour infini qui est au ciel.

X

BÉATIFICATION ET GLORIFICATION DES CORPS RESSUSCITÉS AU CIEL.

> En ma chair je verrai Dieu mon sauveur.
> Job.

Nous avons démontré par quel procédé de résurrection l'individualité physique de l'homme se trouvait reconstituée dans l'autre monde. Nous allons maintenant étudier les propriétés des corps ressuscités, afin que l'on puisse comprendre la béatification et la glorification qui attend dans le séjour de l'éternité bienheureuse ceux qui auront, dès ici-bas, combattu, souffert et aimé, pour enlever de vive force le royaume des cieux. La béatitude de l'âme ne forme que la moitié du bonheur que Dieu réserve à ses élus. La chair, transformée dans ses qualités et propriétés matérielles, est appelée à prendre part et à compléter la béatitude des bienheureux au ciel. La chair, par la transformation résurrectionnelle, perd sa corruptibilité, et reçoit, en échange, quatre propriétés qui sont les quatre signes de la glorification des corps au ciel. Ces quatre signes que les théologiens du moyen âge, dans leur poétique intuition de la vérité, nommaient les douaires du corps, sont la clarté, l'impassibilité, l'agilité et la subtilité. Nous allons examiner chacun de ces signes, qui, semblables aux drapeaux des armées, marcheront en tête des généreuses légions qui, unies de cœur avec nous, ont entrepris la conquête glorieuse du royaume de Dieu.

Le corps béatifié, par un bienfait de sa transformation résurrectionnelle, qui le dépouille de l'impureté de la matière et l'éclaire d'une splendeur divine, devient transparent et lumineux, suivant la belle expression de saint Matthieu, disant : *Que les justes luiront comme le soleil, au royaume de leur Père.* Notre-Seigneur Jésus a voulu, en sa transfiguration, montrer à ses apôtres la gloire qui resplendira en nos corps ressuscités, lorsque, suivant les termes mêmes employés par l'évangéliste, il est dit que son visage devint brillant comme le soleil, et ses vêtements blancs comme la neige. La courageuse Débora termine son cantique par ces magnifiques paroles : *Ceux qui t'aiment, Seigneur, reluisent comme le soleil à son lever.* La splendeur des corps au ciel n'étant que la radiation lumineuse de leur gloire et le rayonnement de la béatitude de leur âme, la clarté de la béatitude, loin de blesser l'œil, jouit, au contraire, de la propriété de fortifier la vue. Si Dieu est appelé père des lumières, c'est qu'il communique sa très-lumineuse clarté à ses élus, comme le père communique sa vie à ses enfants.

Les saints, sur la terre, par la contemplation de l'éternité, avaient le visage illuminé des lueurs splendides de l'autre vie; de là cette auréole indiquée, autour de leur tête, par un nimbe de lumière ou un simple cercle d'or, dans leur portrait, et considéré par la pieuse ferveur des âmes chrétiennes comme un signe de leur voyance extatique sur la terre et de leur gloire dans le ciel.

Le second douaire du corps sera l'impassibilité, qui l'affranchira pour jamais de la maladie, de la douleur et des afflictions de toutes sortes. *Dieu*, dit l'Écriture, *essuiera les larmes des yeux des saints, il n'y aura plus désormais ni pleurs, ni cris, ni douleurs*. Les bienheureux sont, non-seulement impassibles par l'âme, mais encore par le corps ; dans ce séjour d'éternelle béatitude, la tristesse, la colère, l'ennui, la crainte et l'envie, la douleur, la maladie, la mort, en sont à jamais bannis. De plus, les haineux, les méchants, les vindicatifs, les hommes qui ont un cœur de boue, des lèvres de serpents et les mains tachées de sang, en seront exclus, puisque le paradis est l'héritage des hommes d'amour et de ceux dont les mains auront pansé les blessés, soutenu les faibles, essuyé les yeux mouillés de larmes, et qui auront, à l'exemple de Jésus, traversé la vie en faisant le bien. Nous savons qu'il est des hommes à l'œil féroce, à la bouche sans sourire, des natures quinteuses, moroses, revêches, drapées dans l'intolérance la plus répulsive, qui, oubliant que l'individualité ressuscite, croient ouvrir la porte des cieux avec la fausse clef de la cagoterie ; mais nous sommes sans crainte, car Dieu, parlant par la bouche de Jésus-Christ aux pharisiens de tous les temps et de tous les pays, leur dit, dans saint Matthieu, chapitre XXI, verset 31 : « Je vous dis en vérité que les publicains et les prostituées vous devanceront dans le royaume de Dieu. »

La victoire remportée par l'âme sur le corps le soumettra, après la résurrection, à sa parfaite domination, et, le purifiant de la grossière matérialité de ses organes charnels, le douera d'une merveilleuse subtilité, qui triomphera de tous les obstacles qui se dresseraient contre ce corps, arrivé par la gloire à sa plus haute perfection ; de même que le rayon de lumière traverse le cristal sans le briser, de même le corps glorifié, ne pouvant être limité par les obstacles matériels de bois, de pierre, de fer, traverse les corps les plus opaques avec une admirable facilité. Notre Sauveur Jésus-Christ, voulant nous révéler cette mystérieuse propriété du corps béatifié quelques jours après sa résurrection, entra, les portes étant fermées, dans le cénacle où ses disciples étaient assemblés, et se trouva soudainement au milieu d'eux. L'apôtre saint Paul se trouve en parfaite fraternité d'idée avec nous sur ce sujet, lorsqu'il écrit aux Corinthiens que le corps ressuscitera spirituel, c'est-à-dire semblable à l'esprit subtil et pénétrant, comme les esprits angéliques qui, en vertu de leur immatérialité, ne peuvent être limités par les obstacles matériels de temps et d'espace. Saint Thomas pense que la noblesse des corps est en raison directe de leur subtilité ; saint Anselme ajoute que rien ne peut résister à la toute-puissance d'un corps glorifié. Nous ne pouvons nous empêcher de déclarer qu'un des désirs les plus chers à notre cœur, une des espérances qui sourit le plus agréablement à notre intelligence, enfin, le souhait le plus constant de notre âme, est de jouir un jour de cette subtilité, gloire et béatitude des élus dans le ciel, lorsque notre cadavre, secouant son linceul, nous ressusciterons corps subtil et traverserons les temps, les espaces et les mondes, plus lumineux et plus rapides que l'éclair, pour voler vers Dieu.

Le corps ressuscité est aussi agile que la pensée, en sorte qu'il traverse l'univers d'un pôle à l'autre en moins de temps qu'il n'en faut au rayon du regard pour se lever de la terre aux étoiles. Cette victoire du corps sur l'espace est pour nous un fait certain, résultant de l'immatérialité du corps glorifié. Lorsque l'enthousiasme nous transporte, une force surabonde en nous ; il semble que, tenant moins à la terre, nous sommes plus légers, nos traits s'éclaircissent, nos mouvements sont plus rapides. Si, dès ici-bas, l'amour ou le sentiment de la gloire produit ce ravissement extatique, combien à plus forte raison ces qualités prendront des proportions infinies, quand nous jouirons de la béatitude de ses contemplations divines, et que notre corps, purifié de son humaine pesanteur comme l'âme qui lui communique ses divines facultés par la transformation résurrectionnelle, qui le reconstituera dans le monde de l'éternité, jouira de cette propriété de la vue des somnambules et traversera l'espace plus rapide que l'éclair.

Semblables à ces coquillages abandonnés sur le sable de la plage par les flots, et qui gardent toujours en eux l'écho des sanglots de la mer, abandonnés sur la terre, nous portons au dedans de nous une âme qui gémit en souvenir des biens perdus par la dégradation originelle; qui désire, pleure et espère en attendant le grand jour de la liberté où sur l'aile rapide de l'amour elle fera le sublime trajet de la terre au ciel, du monde à Dieu.

La sensitivité est un élément nécessaire de la béatitude, car l'homme privé de sentiments ne vit pas, il dure; notre corps, étant plus perfectionné après sa résurrection que durant son séjour sur la terre, les sens seront doués au ciel d'une délicatesse de perfection infiniment supérieure. A la vue grossière et bornée des sens finis succédera une vue infinie, qui sans éblouissement douloureux contemplera avec une ineffable délectation les splendeurs célestes. Comme le bonheur le plus immense est la vision de Dieu, il est très-certain que les yeux le contempleront avec extase et ravissement dans sa beauté toujours ancienne et cependant toujours nouvelle, des flots d'harmonie divine charmeront les oreilles, les parfums les plus exquis enivreront les sens.

Enfin, suivant l'admirable passage de saint Anselme que nous allons transcrire avec une pieuse fidélité, tout notre être tressaillera d'une allégresse sans fin. « L'homme, suivant ce grand théologien, ne peut en ce monde se faire une idée juste de l'excellence des voluptés et des plaisirs du corps des bienheureux. Tout ce qu'il peut goûter en cette vie est incomplet; mais, de même que la rose est pleine de senteur, le fer rougi est plein de feu, ainsi le plaisir au ciel remplira toutes les parties de l'âme et du corps, il pénétrera en nous et emparadisera jusqu'à la moelle de nos os par les suaves jouissances d'une volupté extatique et d'une incompréhensible délectation. » C'est parce qu'il était persuadé de cette vérité que Raphaël a donné une suave morbidesse et je ne sais quoi de délicieusement épuisé au corps des saints, béatifiquement consumé au ciel par l'amour infini de Dieu.

Les corps béatifiés jouiront, après leur glorieuse résurrection au ciel, d'une paix inaltérable, d'une sûreté sans crainte, d'une science sans limite, d'une joie sans tristesse. La beauté des justes resplendira comme la lumière du soleil ; leur corps, semblable à celui des Anges, sera libre et fort : rien ne pourra résister à sa subtilité, rien ne pourra détruire son incorruptibilité, son immortalité et son impassibilité. Le ciel étant un séjour de délices, les élus s'y aiment en frères et ils ne font tous qu'un même cœur, aimant un même Dieu.

Nous avons parlé de la communion des hommes avec les Anges ; il nous reste à proclamer la *communion des saints*, qui inspire les hommes de l'esprit divin et glorieux qui les anime au ciel. Les saints ne sont pas seulement en statue dans les églises, ils résident en esprit parmi nous.

Les martyrs donnent à notre cœur la force de verser jusqu'à la dernière goutte de notre sang pour notre foi ; les docteurs éclairent notre intelligence pour nous communiquer leur esprit, partant leur vertu. Ils vivent en nous ces morts divins et ils continuent, par nos lèvres, de servir la grande cause du christianisme et d'annoncer la doctrine de leur maître bien-aimé et Seigneur Jésus-Christ.

Nous avons toujours proclamé la persistance de l'individualité humaine après la résurrection. C'est persuadé de ce grand principe que saint Paul a écrit : « De même que les étoiles diffèrent les unes des autres, de même aussi la clarté qui auréole les corps des ressuscités les différenciera dans le royaume des cieux ; tous brilleront, mais tous ne brilleront pas du même éclat. L'homme, dès ici-bas, prépare le degré de pureté de sa lumière ; les corps glorifiés, qui luiront d'une plus éblouissante splendeur, seront aussi ceux qui goûteront les ineffables délices de la plus vive béatitude. »

Ces vérités surnaturelles que nous aimons à répandre provoqueront, comme toujours, les railleries de l'incrédule ; mais peu nous importe, nous nous avançons, fort de la loyauté de notre sang et du désintéressement de notre cœur, nous bravons avec vaillance les attaques d'une époque ignorante et sceptique ; car, derrière le présent qui nous siffle, notre âme pressent l'avenir qui acclamera les idées que nous posons comme des réalités positives ; et derrière l'avenir nous voyons Dieu qui nous sourit avec bienveillance et qui réconforte notre cœur en nous disant : Marche !

Nous avons tenu à décrire la gloire et la béatitude des élus dans le royaume des cieux, car c'est la seule consolation que puissent recevoir ceux qui pleurent la mort d'un être aimé, que l'espérance, que ses cheveux dans lesquels on passait la main, que sa tête que l'on couvrait des baisers de la plus éperdue tendresse, que sa voix qu'il était doux d'entendre, enfin que son corps ressuscitera et que la contemplation en est de nouveau réservée aux yeux, car le cadavre mis en terre se relève immortel et transfiguré.

Il y a des natures douces et aimantes qui ont beaucoup souffert au contact du monde ; il y en a d'autres qui ont grelotté de froid, souffert de la faim. A ces membres saignants de la grande famille humaine nous venons apporter la vision de la gloire et de la béatitude du ciel où nous avons rencontré ceux qui ont souffert et aimé ici-bas.

Nous avons été bien heureux de démontrer la perfection acquise par les corps dans le grand acte de la résurrection, car c'est une preuve que Dieu nous revêtira d'un vêtement de gloire et fera sentir à nos cœurs rendus plus sensibles, partant plus aimants, les ineffables délices de sa possession.

Espérance et consolation, ô vous tous qui, habillés de noir, les paupières rougies, les yeux voilés de larmes, la gorge serrée par l'angoisse, gémissez sur la perte de l'être aimé que la mort a arraché à vos lèvres; car ceux que vous pleurez comme morts, s'ils ont été justes, bons, miséricordieux, durant leur séjour sur la terre, sont vivants au sein de la gloire céleste et de la béatitude éternelle.

XI.

LA FIN DU MONDE.

> Le ciel et la terre passeront, mais mes paroles ne passeront pas.
> JÉSUS-CHRIST.

Si l'on ouvre les archives vénérables de la révélation religieuse, l'on découvre la persuasion dans tous les fondateurs de religion, que le monde, solidaire de la dégradation originelle, doit, comme l'homme, être frappé de mort. Dans la seconde partie intitulée : *le Royaume des morts, ou jouissance dans le ciel, et souffrance dans l'enfer, des corps et des âmes ressuscitées*, nous décrirons, d'une plume épouvantée, la terrible agonie du monde que nous habitons, en nous aidant des tableaux saisissants laissés par les révélateurs pour frapper l'esprit des hommes de crainte, en présentant à leurs yeux la vision si effrayante de la fin de la terre; aujourd'hui, nous tenant sur les hauteurs les plus escarpées de la métaphysique, nous venons seulement donner l'esprit de la tradition, nous désirons seulement faire connaître les raisons qui ont amené l'intelligence de tous les plus profonds génies des siècles écoulés à croire à la mort du globe terrestre, au jour où les siéges laissés vacants par les Anges rebelles seront remplis par les élus.

Nous savons que cette idée de la fin du monde irrite l'esprit des rêveurs, qui croient au progrès indéfini ; mais peu nous importe, nous croyons ne manquer à aucun devoir de loyauté en venant combattre les folles chimères des cerveaux détraqués; nous ne sommes pas parti de la donnée catholique, nous avons demandé la vérité à toutes les écoles, nous l'avons cherchée dans tous les sanctuaires, d'induction en induction, de déduction en déduction ; nous en sommes venu irrésistiblement à la tradition chrétienne, et, sans souci de dessiner notre personnalité, nous aspirons à la gloire d'être en ce siècle un écho sonore de la vérité éternelle.

Toutes les parties constitutives du monde étant soumises à la grande loi de la dissolution, partant à la mort, il serait absurde d'admettre que le tout en fût exempté. Dans l'antique initiation des mystères de l'Orient, on enseignait, comme une vérité primordiale, l'agonie et la mort de la terre. Les saints évangélistes parlent souvent de la fin du monde ; les Pères de l'Église en font la conséquence logique du péché originel ; les hauts penseurs connus sous le nom de docteurs en prouvent logiquement la probabilité ; les voyants et les extatiques y assistent le front glacé d'une sueur d'épouvante, et nous, ébranlé par tant de convictions illustres, nous proclamons que, si nous admettions l'éternité de la terre, l'édifice de notre philosophie s'écroulerait, et nous serions forcé de reconnaître la folie des plus saintes gloires de l'Église catholique qui, dans leur ravissement extatique, ont toutes eu un très-lucide pressentiment de la fin du monde.

Il y a un grand nombre d'âmes qui, au sortir du corps, ne sont pas des anges d'une lumière assez pure pour paraître devant Dieu ; ces âmes habitent un lieu nommé, dans les livres de théologie, Purgatoire, où elles achèvent de se purifier. Nous avons démontré le mécanisme divin de la communion des saints ; il nous reste à constater que, non-seulement les saints peuvent être en rapport avec les vivants, mais que les vivants peuvent être en rapport avec les âmes, que l'antiquité nous montre errantes le long des tristes et sinistres bords du fleuve des enfers, et, par la prière, attirer sur elles la grâce de Dieu, qui leur donnera la pureté angélique, la robe immaculée et le vêtement de lumière, nécessaires pour entrer dans le royaume de Dieu.

C'est une grande consolation de penser qu'avant la fin du monde, moment où le purgatoire sera anéanti, on peut faire descendre sur ces âmes les bénédictions et les lumières de Dieu, reconnaître l'amour et les bienfaits de ceux qui sont morts, et se créer des protecteurs tout-puissants dans le ciel auprès de Dieu, en leur donnant les ailes de feu de la grâce, à l'aide desquelles, glorieux et béatifiés, les ressuscités s'élèvent jusqu'au trône de l'Éternel.

Il est impossible de fixer un terme plus ou moins éloigné à la fin du monde ; dans le moyen âge, par suite d'une fausse interprétation de l'Apocalypse, l'an mille était redouté comme le moment désigné par Dieu pour cette effroyable catastrophe. Les esprits superstitieux et les consciences enfiévrées par le scrupule dans tous les signes extraordinaires qui frappent leurs regards, dans les convulsions de l'ordre social, dans les tremblements de terre et dans les bouleversements géologiques du globe, voient, avec une stupide terreur, des pronostics certains et des signes avant-coureurs de la fin du monde. Pour nous, à ces esprits timorés, nous leur apportons cette parole d'espérance : « L'homme, dont les pieds ont toujours marché dans la voie droite de la justice et de la vérité, et qui porte vivante en sa poitrine une âme animée de l'esprit de Dieu, est sans crainte, car il sait que le glaive peut trancher sa tête, le feu consumer sa chair, la balle d'un pistolet éteindre les battements de son cœur, la chute du monde écraser son corps ; mais qu'il ressortira victorieux des ruines du monde anéanti, comme Jésus du sépulcre, car le juste, terrassé par la mort, se relève ange de lumière!!! »

XII

TOURMENTS DES DAMNÉS EN ENFER.

> Là, il y aura des pleurs et des grincements de dents.
>
> JÉSUS-CHRIST.

Dans ce siècle il y a grand nombre d'esprits sans profondeur qui, dans les conceptions bizarres de leurs cerveaux étroits, ont prétendu radier d'un trait de plume le dogme de l'enfer si clairement enseigné dans les livres sacrés de tous les peuples par un heureux bienfait de la divine Providence; leurs arguments se sont émoussés contre cette invulnérable vérité proclamée par les lèvres saintes de Jésus-Christ, comme les dents de la vipère sur la lime, que, dans sa vaine présomption, elle tente de mettre en pièces, et nos méditations, nos études, nous ont démontré que les bons ne seront pas éternellement confondus avec les méchants : assuré de cette vérité, nous aimons à penser que ceux qui ont eu constamment aux lèvres un sourire d'amour pour la souffrance ne seront pas condamnés à avoir pour perpétuels compagnons ces êtres odieux dont les mains sont rouges du sang des innocents et la langue plus venimeuse que celle du serpent.

Confiant dans l'infinie justice de Dieu, nous laisserons les cœurs haineux attaquer le dogme de l'enfer, certain que leurs arguments n'éteindront pas plus la lumière de cette vérité qu'au jour d'orage les vents en furie, l'ouragan déchaîné, les torrents de pluie, n'éteignent la brillante clarté du soleil, et dans le lointain nous apercevons le bras livide et décharné de la mort, qui, les saisissant à la gorge, étouffe le ricanement de l'impiété dans leur gosier, jette leur cadavre aux vers du tombeau, et leur âme au diable.

Nous considérerons dans ce chapitre les damnés, en corps et en âme. Nous avons démontré que les réprouvés, par le grand acte de la transformation résurrectionnelle, se revêtaient de leurs organes, immatérialisés par la mort, en sorte que leur individualité persistait avec tous les caractères qui la particularisaient durant sa vie. Le mot enfer est une expression d'une extrême vérité, qui montre avec quelle profonde justesse tous les auteurs religieux ont compris que ce lieu où les damnés seront précipités par la colère divine doit être un abîme profond, ou, pour traduire le mot enfer, *un lieu bas*, car, Dieu résidant au plus haut des cieux, et les ressuscités étant d'autant plus près de sa splendeur infinie qu'ils sont éclairés par une plus pure lumière, les méchants doivent être à jamais éloignés de sa présence, source d'ineffable béatitude pour ceux qui en jouissent dans l'état de résurrection; tous sont embrasés d'un amour immense, infini, inextinguible pour la beauté éternelle; or, une beauté étant d'autant plus désirable et réelle que, par l'attraction qui en émane, elle dit d'une manière plus irrésistible à l'âme, au cœur, aux yeux, aux sens, ce mot d'amour : Viens, le supplice des réprouvés sera d'autant plus cruel que la parole de Dieu, leur disant : « Allez, maudits, au feu éternel, » les éloignera davantage de lui.

Étudions le tourment des damnés dans l'enfer ; cette contemplation est utile, et tous les saints génies du christianisme ont fait de cette importante question l'objet de leur méditation continuelle, car la connaissance de l'enfer est le commencement et a souvent été le principe des plus saints et des plus héroïques dévouements. Le philosophisme a cru rendre un immense service à la raison humaine en disant que l'enfer était une invention ridicule propre à épouvanter l'imagination timorée des vieilles femmes et des enfants crédules. En prouvant à la raison l'incontestable réalité de l'enfer, nous l'élèverons jusqu'au monde surnaturel où, au-dessus des sombres nuages de l'erreur, resplendit l'éclatant soleil de la vérité éternelle.

L'ÉTERNITÉ DÉVOILÉE.

C'est un axiome de théologie que les damnés y seront tourmentés par des tortures d'une violence surhumaine et d'une durée éternelle, tandis que le feu terrestre ne peut produire qu'une douleur passagère en consumant un corps consumable.

Le feu de l'enfer produira une douleur sans fin, car il brûlera un corps inconsumable. Saint Grégoire dit : Je ne doute pas que le feu de l'enfer ne soit un feu réel, seulement la raison et la tradition veulent que notre feu terrestre ne soit qu'une pâle et faible image de ce feu de l'enfer qui brûlerait en un instant et réduirait en cendre les rochers les plus durs. Si la chaleur de la fièvre nous cause une si douloureuse inquiétude, que nous ne pouvons rester tranquillement étendu dans un bon lit, de quel délire rageur les damnés en proie aux plus violentes tortures ne seront-ils pas enfiévrés en sentant que l'ardeur dévorante qui, suivant l'Écriture, les transforme en tisons brûlants, les torturera durant l'éternité avec la même intensité !

Jésus-Christ appelle l'enfer non-seulement feu éternel, mais encore les *ténèbres extérieures*. En effet, l'obscurité et les ténèbres régneront dans ce triste lieu.

Saint Jean a aperçu dans ses révélations l'air et le soleil obscurcis par la fumée qui sortait du gouffre de l'abîme, où les damnés sentiront le contact épouvantable des démons, qui déchireront leur chair, sans cesse renaissante, par une morsure plus cruelle que celle des plus venimeux serpents.

Tous ceux qui ont lu les *Mystères de Paris* ont frémi en s'identifiant au supplice de Rodolphe, enfermé dans l'obscur souterrain d'un égout, y sentant le contact glacé et fangeux des rats qui montaient le long de ses vêtements et dévoraient son visage de leurs sanglantes morsures; et cependant ce n'est qu'une imparfaite image du supplice des damnés en enfer, lieu de misère et de ténèbres où habite une perpétuelle horreur.

Le sens de l'ouïe sera déchiré par les cris horribles des damnés qui, suivant l'expression d'une vérité si originale de saint Bernard, hurleront comme des ours écorchés vifs; disant avec Jérémie : « Maudite soit la journée où je suis né, et maudite l'heure en laquelle ma mère m'enfanta, maudit soit l'homme qui porta à mon père les premières nouvelles de ma naissance. Pourquoi suis-je entré dans le monde? Plût à Dieu que le ventre de ma mère m'eût servi de sépulcre. » Leur langue qui distillait le fiel comme celle de la vipère, ils la mordent avec rage et furie.

Les impies qui, au nom de la raison, auront raillé, insulté, persécuté les hommes de foi et d'amour, seront particulièrement tourmentés dans l'enfer; car il est écrit que le Seigneur, se servant contre eux des armes qu'ils auront employées contre ses disciples, se moquera d'eux à son tour, et leurs cris de rage et leurs grincements de dents seront éternels.

La tristesse des damnés est très-grande, particulièrement parce qu'ils sont privés de la vue de Dieu, et cette peine surpasse toutes les afflictions de l'enfer. Saint Jean-Chrysostome dit à ce sujet : Quelques ignorants redoutent seulement les ardeurs torturantes du feu de l'enfer; mais moi je pense que ce qu'il y a de plus redoutable dans l'autre monde, c'est d'être rejeté de la béatitude. Cela cause un si grand déplaisir, que ce tourment surpasse tous les autres ; car celui qui, par imprudence, se serait crevé les yeux, se plaindrait davantage de la perte de la vue que de la douleur de la blessure de ses yeux, quelle qu'en soit la vivacité. Plus nous connaissons la valeur d'un bien, plus nous sommes affligés de sa perte.

Pendant que nous sommes sur la terre, notre entendement, ayant des organes perceptifs composés de chair et de sang, est ébloui par la vive clarté de la Divinité, comme les yeux des hiboux le sont par le vif éclat de la lumière du soleil ; mais l'âme, dépouillée de l'enveloppe grossière des sens, en arrive promptement à comprendre que la vision de Dieu est le souverain bien, la source de la béatitude éternelle et des plus ineffables délices.

Si ici-bas l'amour imparfait, fini et si court des sens est si profondément attristé par l'abandon ; si l'on passe les nuits et les jours dans les larmes à attendre celui que l'on aime, combien les âmes seront tourmentées en voyant que l'éternité se passera à attendre, dans les pleurs et le désespoir, le fiancé après lequel elles soupireront sans espérance ; car il est écrit que Dieu repoussera à jamais les damnés de sa présence.

Saint Augustin, dans sa *Cité de Dieu*, prouve d'une façon irréfutable l'éternité des tourments des damnés en démontrant que la flamme de l'enfer, malgré ses ardentes brûlures, ne détruit pas les corps ressuscités qu'elle embrase douloureusement de ses feux vengeurs.

Tant que l'homme est en ce monde, il peut se laver de la tache sordide du péché ; une fois mort, il est livré aux démons, et il ne lui est plus possible de remonter à Dieu par une pénitence volontaire.

L'esprit humain frémit et demeure anéanti devant ce mot : éternité.

Si Dieu disait aux damnés : J'ôterai tous les cent ans une goutte d'eau de la mer, et, lorsque par ce moyen elle sera entièrement mise à sec, vous serez délivrés, ils seraient transportés de joie et verraient dans le lointain se lever un soleil d'espérance. Mais, après être restés dans l'enfer autant de millions d'années qu'il y a de grains de sable sur les plages de l'Océan, leurs tourments recommenceront pour continuer à jamais.

Supposons cette hypothèse, inadmissible pour un esprit sensé, qu'il y a autant de probabilités contre l'enfer et l'éternité de ses tourments qu'il y en a en sa faveur. Nous dirons que ce serait encore un acte de démence de ne pas prendre les moyens de l'éviter. Il y a des hommes qui craignent d'être enterrés vivants ; eh bien, cette douleur de sentir une montagne de terre entre ses lèvres et l'air et la lumière serait une béatitude pour les damnés, dont elle retarderait l'éternelle souffrance dans l'enfer.

Il y a des jeunes filles qui, éclairées de la lumière de Dieu, ont l'intuition de l'éternité des tourments de l'enfer à un si haut degré, que pour les éviter elles supplient avec larmes leurs parents de leur permettre de couvrir leur riche et ondoyante chevelure du voile noir du couvent, et préfèrent être religieuses que femmes mariées. Leurs mères, souvent élevées dans les préjugés du siècle, leur refusent sous ce prétexte stupide et bourgeois qu'il faut de la religion, mais qu'il n'est pas nécessaire d'entrer au couvent pour être sauvé, paroles qui prouvent l'ignorance où elles sont que la religion raisonnable est la source de l'indifférence et de l'indévotion, et que, suivant la belle expression de notre glorieux maître et ami Lacordaire, l'extravagance est un des caractères de la sainteté ; et souvent, après les avoir souillées durant leur vie au contact matrimonial d'un impie, elles les exposent à être pour jamais livrées au feu de l'enfer.

L'enfer est pour nous une croyance résultant de nos études, qui ont, pour ainsi dire, ouvert à notre intelligence un jour effrayant sur ce monde de l'éternité, vers lequel les générations marchent sans en avoir conscience. Quand on croit à l'enfer, les tourments d'ici-bas perdent leur gravité, et l'homme devient bon dans la crainte d'être à jamais confondu avec les méchants.

L'homme qui s'efforce dans ses écrits de nier l'enfer est semblable au brigand qui au soir couperait les conduits du gaz, afin de plonger la ville dans l'obscurité et de pouvoir, à l'aide des ténèbres, voler et assassiner impunément en toute sécurité. Nous avons pénétré les desseins de cette philosophie abjecte et meurtrière, et, saisissant d'un poignet croyant et résolu son bras coupable, nous lui disons : Arrête, tu n'iras pas plus loin !!!

XIII

LE MONDE DES ESPRITS DIABOLIQUES.

> Pas de Satan, pas de Sauveur.
> VOLTAIRE.

Nous abordons un des sujets les plus antipathiques à la raison du siècle, et, si nous avions eu en vue seulement le succès de cet ouvrage, nous l'aurions prudemment omis, car un douloureux pressentiment nous avertit qu'un grand nombre de nos lecteurs qui, jusqu'ici, ont suivi nos idées avec sympathie et ont même croisé vaillamment et victorieusement le fer de la discussion en notre faveur, n'oseront plus se dire les partisans de nos idées; notre cœur saigne à cette pensée; mais, obéissant à notre conscience, nous offrons à Dieu le sacrifice de ces affections chéries que nous immolons sur l'autel de la vérité. Bien que le *Credo* n'en fasse pas mention, nous y croyons : car, si le *Credo* n'en parle pas, c'est qu'au moment où il a été composé l'existence des esprits n'était mise en doute par personne. La négation du diable est un blasphème hérétique de date très-récente.

Nous avons, dans le courant de cet ouvrage, fait connaître l'origine des démons et montré par quelle déplorable transformation les esprits de lumière étaient devenus esprits de ténèbres.

Tous les métaphysiciens reconnaissent aux démons une science, une subtilité d'intelligence, et une clairvoyance très-supérieures à la nôtre. Mais, s'ils ont la connaissance des choses les plus cachées, ils ont une telle aversion du juste, du beau et du vrai, que le commerce des hommes avec les démons a toujours été considéré comme un crime affreux, et l'Église a déployé un luxe inouï de cruauté contre ceux qui en étaient soupçonnés.

Elle a tâché d'anéantir dans un océan de feu les hommes qui étaient accusés du crime de sorcellerie.

Sans venir défendre les tortures inhumaines de l'inquisition, nous croyons qu'il était du devoir des autorités ecclésiastiques de condamner comme coupables toutes les pratiques ayant pour but de mettre les hommes en rapport avec les esprits diaboliques, et, lorsque au milieu des flammes du bûcher nous voyons la blanche et angélique figure de l'héroïque Jeanne d'Arc baisant de ses lèvres ferventes son crucifix, nous sommes en droit de rappeler que Jésus-Christ a laissé, comme un précieux héritage, à ses disciples, le pouvoir de chasser les démons en son nom, mais n'a jamais recommandé de brûler les démoniaques; ceux qui étaient forcés de recourir au feu du bûcher étaient, de nom, disciples du Christ, mais leurs cœurs étaient loin de lui, et la vertu toute-puissante de la grâce ne résidait pas en eux.

Le crime des anges déchus est d'autant plus impardonnable, que leur nature était exempte de faiblesse et d'ignorance. Aussi, il est certain qu'aucun ange tombé ne remontera au ciel reprendre la place qu'il a perdue. Ces places seront remplies par les saints et les saintes : il y a une idée très-heureuse et d'une grâce charmante qui se trouve souvent dans les auteurs du moyen âge, à l'état d'opinion, et qui nous enseigne que Lucifer, dont le nom signifie porte-lumière, l'un des plus beaux des Séraphins, ayant été, à cause de sa révolte orgueilleuse contre le Très-Haut, chassé du ciel, Dieu a donné sa place à la pécheresse repentante Marie-Magdelaine, voulant apprendre par là que la main divine, toujours tendue pour relever la femme tombée qui se repent, repousse inexorablement l'impie et superbe Lucifer, qui préfère, comme dit saint Bernard, demeurer éternellement dans les flammes infernales que de se prosterner humblement devant Dieu et l'adorer.

Les ouvrages de magie, de cabale et de science occulte reconnaissent six espèces de démons :

Les premiers sont les démons du feu ;

Les seconds sont les démons aériens. Platon dit que ces démons président aux merveilleuses opérations des magiciens et des devins;

Les troisièmes sont les démons marins, qui résident dans les eaux et se plaisent près des lacs et des rivières;

Les quatrièmes sont les démons de la terre, nommés par les Chaldéens chiens terrestres;

Les cinquièmes sont les démons souterrains, gardiens des trésors cachés; ils inquiètent et égarent les lucides qui tâchent de découvrir les richesses enfouies dans la terre; de là l'insuccès suivant les somnambules, de leurs recherches des trésors;

Les derniers sont les démons lucifuges et ténébreux, ennemis de toute lumière, vulgairement connus sous le nom de diables; ils s'efforcent d'entraîner les âmes dans le chemin de l'enfer, qui est leur éternel séjour.

Les docteurs de l'Église catholique proclament qu'il est tombé des démons de tous les ordres des anges; ils sont d'autant plus méchants qu'ils souffrent davantage; leur haine de l'homme vertueux est immense, et l'on doit se souvenir que les esprits sataniques ont dès le commencement du monde entrepris d'enlever aux hommes la vie de l'âme, afin d'en faire sur la terre les égaux des animaux les plus abjects, et dans l'enfer les compagnons de leur misérable destinée.

Nier l'existence des possessions diaboliques, c'est déchirer d'une main impudente le livre sacré des Évangiles, où sont relatées un grand nombre de possessions guéries par la puissance divine du Fils de Dieu.

M. Eudes de Mirville, dans un ouvrage sérieusement étudié, a tenté de prouver l'existence des esprits et de restaurer dans les intelligences la croyance au diable. Tout en lui sachant gré des peines qu'il s'est données pour composer son livre, nous devons cependant dire qu'il a eu l'énorme tort, selon nous, de confondre assez perfidement les somnambules avec les démoniaques ; et le très-remarquable Alexis, dont il fait louer les facultés extrahumaines par le savant prestidigitateur Robert Houdin, ne serait, bien qu'il n'ose l'affirmer, mais d'après les tendances générales de sa thèse, qu'un possédé du démon.

Nous croyons, en conséquence, qu'il est de notre devoir de le prier de s'expliquer à cet égard dans son prochain ouvrage, et, pour éclairer sa conscience sur ce point, nous lui citerons le passage que saint Justin écrivait à propos des sibylles : « L'âme, en vertu de son immatérialité, peut guérir les maladies et prédire l'avenir. Pourquoi attribuer les miracles aux démons? »

Selon le système établi dans la *Pneumatologie*, il y a sept signes certains auxquels on reconnaît un possédé du démon :

1° Pénétration des pensées non exprimées.
2° Intelligence des langues inconnues.
3° Faculté de les parler, ainsi que les langues étrangères.
4° Connaissance des événements futurs.
5° Connaissance de ce qui se passe dans les lieux éloignés.
6° Développement de forces physiques supérieures.
7° Suspension en l'air pendant un temps considérable.

Nous croyons sincèrement que ces signes ont

été constatés d'une manière irrécusable chez un grand nombre d'individus ; nous admettons même que parmi ces individus quelques-uns étaient réellement possédés du démon ; mais nous croyons que ces mêmes signes sont très-souvent une preuve de la résidence de l'*Esprit-Saint* dans les individus chez lesquels ils se manifestent d'une manière extranaturelle. Et l'auteur semble oublier un peu trop dans son argumentation que la plupart des saints ont dû la gloire de leur béatification à la manifestation de ces phénomènes qui, attribués avec raison à la présence de Dieu en eux, étaient considérés par la vénération des fidèles comme des miracles. Enchanté de trouver le défaut de la cuirasse pour percer au cœur le très-ingénieux et très-savant système de Mirville, Ragon, dans son orthodoxie maçonnique, a écrit :

« En 1431, on avait condamné dans Jeanne d'Arc des révélations et des apparitions, comme étant les œuvres du démon ; cent ans plus tard, on canonisait sainte Thérèse pour les mêmes causes. »

La question des tables parlantes a de nouveau

répandu la croyance aux esprits diaboliques. Pour nous, nous y avons toujours cru; cependant nous sommes loin d'ajouter foi à la possession des tables par les démons, et nous pensons que, bien que cette question semble sortir du cadre de notre livre, elle est assez actuelle pour qu'il soit urgent de la traiter.

Plusieurs hommes très-distingués du monde chrétien nous ont engagé à faire une étude sur les tables animées, qui ont attiré l'attention sur les sciences occultes. Nous suivrons leur conseil, mais nous avons tenu à proclamer bien haut notre croyance de chrétien au monde des esprits diaboliques dans ce chapitre, avant de montrer dans le chapitre suivant que le diable sait trop parfaitement que s'il apparaissait à ceux qui le nient, immédiatement sa vue les convertirait à la vérité, et que, s'il agissait de la sorte, il se montrerait, en réalité, peu digne, par une semblable imprudence, de son nom d'esprit malin; car si la mission céleste des Anges est de convertir, celle des démons est de pervertir.

XIV

POSSESSION DES TABLES PAR LES ESPRITS.

> Le diable est un esprit trop malin pour inquiéter, en se montrant à lui, la conscience de l'impie qui le nie.
>
> On excuse les erreurs des somnambules par l'imperfection des organes charnels auxquels leur âme est liée. Cette excuse n'étant pas valable pour les âmes des morts, les erreurs des tables accusent leur absence.

L'homme a eu, lui, un si grand besoin de croyance, a dit un grand écrivain, que lorsqu'il déserte les sanctuaires sacrés des temples, c'est pour aller visiter l'antre des sorciers.

L'Amérique, après avoir essayé en vain de

contempler l'éblouissante lumière du surnaturel avec les yeux débiles de la raison, en est venu à remplacer les dogmes sacrés de la tradition chrétienne par les immorales turpitudes d'une table qui tourne, d'un chapeau qui parle ou d'une chaise qui frappe ; de plus, les tendances panthéistiques, qui sont, pour ainsi dire, dans l'air, et que les hommes venus au monde au dix-neuvième siècle ont respirées, après avoir mis le sceptre du pouvoir dans toutes les mains, viennent d'y placer la baguette de l'enchanteur, en attendant qu'elles y mettent la crosse du pouvoir sacerdotal, et que chaque homme, suivant la prédiction d'un fou célèbre, en arrive à être souverain, magicien et prêtre.

Nous ne sommes pas assez illustre pour défendre, à l'exemple des évêques, de faire parler les tables, et nous craindrions, de plus, de leur donner l'attrait, toujours si tentant, du fruit défendu. Nous ne sommes pas assez savant pour nier la réalité évidente de ces phénomènes, mais nous sommes assez versés dans la métaphysique pour l'expliquer, et assez amis de l'humanité pour en dévoiler les dangers cachés.

Nous croyons que l'homme peut communiquer à un objet inanimé l'esprit qui l'anime, et, par un acte de sa volonté, formulée avec confiance, transmettre le mouvement à cet objet saturé de sa vie par un contact si immédiat avec lui, qu'il devient, pour ainsi dire, un prolongement de son individualité. Cette expérience a été démontrée d'une manière irréfutable devant l'Académie de Milan, qui en a publié le procès-verbal, dans lequel elle reconnaît que la somnambule Prudence, par un acte de sa volonté, faisait dévier l'aiguille aimantée de la boussole. Nous citons textuellement : « On fait approcher la somnambule Prudence d'une boussole, et elle la fait dévier d'environ six degrés. » Si la force fluidique d'une somnambule peut faire dévier l'aiguille d'une boussole, cette même force peut faire tourner une table.

Passons maintenant aux tables parlantes. La plupart du temps elles parlent sous l'impulsion très-volontaire que lui donne une des personnes de la chaîne, désireuse de faire dire par la table certaines choses dont elle est assez peu soucieuse d'endosser la responsabilité. La table, en ce cas, remplace avec avantage les lettres anonymes ; d'autres fois, c'est pour se livrer au plaisir de mystifier la crédulité très-ingénue des assistants

Cependant nous croyons à la possibilité des tables parlantes, par la raison que nous avons dit, qu'étant animées par l'esprit qui individualise chacune des personnes qui font la chaîne, elles deviennent, de la sorte, le prolongement de leur individualité collective et la résultante de leur force intellectuelle, au point de participer à leurs idées et de traduire leur sentiment ; mais d'autres fois elles daguerréotypent l'individualité morale et intellectuelle de celui seulement qui l'actionne le plus fortement. Il semble, d'après cela, qu'une table autour de laquelle il y a quatre personnes devrait avoir de l'esprit comme quatre ; mais, la bêtise étant plus répandue que l'esprit habituellement, elles ont de la bêtise comme quatre.

Tout en admettant la possibilité de ces phénomènes, nous croyons que bien peu de personnes y apportent le sérieux nécessaire et la foi pour réussir. Aussi la plupart du temps l'impulsion est communiquée par un mystificateur qui, ennuyé de rester tranquille, pense que ce serait manquer de complaisance envers les tables et envers les dames qui font la chaîne et qui brûlent du désir de la voir tourner, si on ne les aidait pas un peu à se mettre en mouvement.

Les chapeaux tournants ont dû, surtout en France, une grande partie de leurs succès à ce qu'ils jouaient très-volontiers le rôle d'entremetteurs amoureux, et venaient au secours de la timidité des jeunes filles, qui n'auraient jamais laissé languir leurs mains dans celles d'un homme et qui plaçaient, avec un plaisir irréfléchi, leurs petits doigts sur ceux des hommes pour lesquels elles se sentaient une plus particulière sympathie. A ce contact galant, leur imagination, emportée sur l'aile des amours, voyageait souriante à travers les régions enchantées du pays des espérances, et leur cœur battait à soulever leur blanc corsage de mousseline avant que la table se mît à tourner ou à frapper pour exprimer la volonté de l'esprit qui la possédait. On comprend que la jalousie est douée de trop de finesse pour ne pas pousser frauduleusement la table, dans l'espoir de rompre le charme, bien fait pour inquiéter une ombrageuse rivalité.

Passons maintenant aux tables divinatrices.

L'esprit du monde, en passant par un cerisier qu'il anime, et dont il devient la séve et la vie, produit des cerises ; en animant un renard, il développe ses instincts rusés et le fait opérer des traits de finesse; en animant un phalanstérien, il développe dans son cerveau des idées phalanstériennes; enfin, le rôle de l'esprit incarné dans un milieu est d'être modifié par ce milieu et de produire des actes et des fruits en raison directe de la nature du milieu qu'il traverse. Depuis la plus reculée antiquité, les tables ont reçu cet esprit, et jamais la fantaisie ne leur a pris de s'animer et de se mettre à parler en frappant du pied, car il fallait que cet esprit traversât un individu vivant, devînt la vie de cet individu pour communiquer à la table l'esprit du milieu qui l'avait modifiée. En un mot, la table ne peut être prophétesse que s'il y a une voyante parmi les assistants qui font la chaîne magnético-sympathique.

Alors le médium inspiré par l'esprit dont la table est saturée, comme la bohémienne est inspirée par l'esprit de la main de son consultant, comme la tireuse de cartes l'est par l'esprit de la main qui les a coupées et choisies, comme la lucide l'est par la main qui s'est posée sur elle, à l'exemple de celle de Dieu sur les prophètes du peuple d'Israël, pourra étonner par la plus merveilleuse et la plus imprévue révélation ; mais encore le caractère constant de ces miraculeux phénomènes, comme dans le somnambulisme, sera la variabilité, car, dans ces séances de divination, c'est l'âme du médium qui communique, souvent à son insu, ses idées et ses visions intuitives et prophétiques à la table ; mais cette âme est dégagée par l'esprit, qui, suivant saint Benoît, extrait momentanément l'âme du corps, et l'erreur des sens viendra perpétuellement mêler les ténèbres aux lumières de la vérité qu'entrevoit fugitivement cette visionnaire improvisée.

On a la manie de consulter les tables sur les questions de haute philosophie, et il est inconcevable que les bêtises formidables qu'elles débitent, puissent, dans un siècle qui se prétend éclairé, trouver des cerveaux pour les recevoir et des esprits pour y croire.

Nous comprenons donc le danger de remplacer une tradition inspirée par la vérité même par les séries de niaiseries qui conduisent à la débauche morale et à la folie intellectuelle; il y a un autre danger que les évêques ont omis de signaler, eux qui défendent, contre une raison bornée, avec un si courageux dévouement, la chasteté du lit conjugal, afin d'empêcher l'épuisement infécond des races : c'est la perte de ce fluide nerveux, de cette essence vitale, dont dans tous les salons on s'amuse à saturer les tables, c'est la quintessence de sa vie, de sa chair, de son sang, que l'on prodigue ainsi avec une généreuse ignorance aux objets inanimés; c'est donc au nom de la lumière, de l'intelligence et de la vie du cœur que nous engageons à ne pas s'appauvrir volontairement en enrichissant de son esprit des tables qui vous rendent en échange des erreurs funestes pour le cerveau et pour l'âme, qu'elles dépouillent des croyances religieuses, qui parfument la vie des parfums de l'éternité.

Grand nombre de personnes très-sensées nous ont avoué attribuer ces phénomènes des tables parlantes aux esprits et aux âmes errantes. Nous avons déjà démontré que les diables étaient des esprits trop malins pour manifester leur présence à ceux qui les nient; ensuite, nous avons retrouvé habituellement dans les réponses une si grave sottise, que nous répugnons fortement à considérer de telles réponses comme l'œuvre d'esprit, immatériel et spirituel. Ensuite, si nous admettons l'erreur comme naturelle dans la somnambule, dont l'âme est encore liée par la vie à l'enveloppe des sens, il n'en est pas de même dans une âme séparée de son corps.

Les erreurs trop habituelles, et l'ignorance illimitée des nombreuses tables que nous avons vues, ne peuvent, pour un métaphysicien sérieux, être attribuées à des âmes séparées du corps, à des esprits spirituels.

Il y a quelques jours, on nous mena voir une table, très-injustement célèbre, qui se disait possédée par l'âme de sainte Thérèse; nous lui demandons le nom du pape qui l'a canonisée : elle nous répond grossièrement qu'elle l'a oublié.

Bien que la table ne soit pas un oracle infaillible, elle pourra avoir beaucoup d'esprit si ceux qui séparée l'actionnent en ont beaucoup, mais une âme du corps n'habite pas en elle.

Si toutes les tables qui se disent possédées par des esprits, ou habitées par des âmes, l'étaient en réalité, il y aurait à la place des facultés que nous avons reconnues dans les âmes séparées du corps, une seule propriété à leur accorder, l'imbécillité. Les tables ont fait furieusement tourner de têtes, car le surnaturel est un cheval fougueux qui jette à terre les intelligences débiles qui l'enfourchent avec un enthousiasme irréfléchi. Le marquis Duplanty Bellio, le comte Szapary, ont pu se livrer à ces études avec fruit, car leurs profondes connaissances des mystères du magnétisme leur faisaient connaître la source de ces phénomènes. Jamais aucune table n'a été aussi habile médecin que le somnambule Victor Dumez, et leurs plus éclatants miracles ne sont rien auprès de ceux du célèbre somnambule Alexis, dont nous suivons, chez Marcillet, avec intérêt, depuis longtemps, les séances publiques et gratuites, et qui, de jour en jour, acquiert un degré de lucidité supérieure qui, selon nous, tient réellement du prodige.

Nous allons citer un seul fait du somnambule Alexis; ce fait, pour nous, étant au-dessus des forces du hasard, suffit à nous convaincre de l'immortalité de l'âme, et ne peut pas être détruit par quatre-vingt-dix-neuf erreurs. C'est un fait aussi réel que miraculeux :

« Madame Sallerou, femme du propriétaire des *Villes de France*, se rendit à Neuilly. A son retour à Paris seulement, elle s'aperçut qu'elle avait perdu en route sa montre et sa chaîne. Dans l'impossibilité d'indiquer, même aproximativement, l'endroit où lui était arrivé l'accident qu'elle déplorait, il lui fallut renoncer à tous les moyens de recherches employés en pareil cas. En désespoir de cause, elle se rendit près de M. Marcillet, magnétiseur du somnambule Alexis, et le pria de le lui faire consulter. A peine est-elle en rapport avec le somnambule, que celui-ci, avant même qu'elle ait eu besoin de lui adresser la parole, lui dit :

« Vous êtes inquiète, madame, je vois ce qui

vous amène... Il s'agit d'une montre et d'une chaîne perdue...; vous soupçonnez quelqu'un de vous les avoir volées... le cocher de votre voiture... Vous êtes dans l'erreur. Attendez, cherchons la montre; la voilà; elle est à terre; vous l'avez laissée tomber en descendant de voiture près du pont de Neuilly. C'est une fort jolie montre... je lis le nom du fabricant... Ah! un soldat passe, je distingue ses traits; il porte le n° 57 sur son schako, il est en garnison à Courbevoie... Il se nomme Vincent... »

La vérification de ce fait prodigieux ne se fait pas attendre : M. Salleron court à la caserne de Courbevoie, et expose les faits au capitaine Othenin, faisant les fonctions de chef de bataillon ; celui-ci, par complaisance, ordonne une inspection générale de l'équipement.

Quand l'officier chargé de visiter les sacs des hommes entra dans l'une des chambres, un soldat sortit des rangs et vint lui présenter une montre et sa chaîne. « Voilà, commandant, ce que j'ai trouvé près du pont de Neuilly : mon service m'a empêché jusqu'ici de faire les démarches nécessaires pour retrouver son propriétaire. — C'est bien ! quel est ton nom ? — Vincent... »

Pour nous, nous avons trouvé, à l'aide du somnambulisme, le plus précieux des trésors, la science de l'éternité. Tandis que les erreurs de la science somnambulique découragent ceux qui ne cherchent, dans ces phénomènes, qu'un moyen de gagner de l'argent, pour nous, elles éclairent les mystères de l'organisme, en nous montrant que les philosophes qui de tout temps ont dit que la chair était mère des erreurs ont proclamé la vérité. Un homme d'un incontestable talent, qui, sous la forme du roman, a su rendre attrayantes les plus hautes vérités du monde supérieur de la pensée humaine, M. Maxime Du Camp, nous disait : « L'avenir littéraire appartient aux hommes qui traitent les questions religieuses et sociales. » C'est aussi notre opinion, car la science du vrai est l'aromate céleste qui embaume les œuvres de l'écrivain, et les fait immortelles ; le somnambulisme ne deviendra peut-être jamais une lumière, il restera peut-être toujours à l'état de lueur crépusculaire ; mais sa clarté, quoique faible et pâle, a suffi pour diriger nos pas dans les chemins escarpés du ciel où Dieu règne au sein de la gloire et de la béatitude.

Quatre motifs, selon nous, entretiennent dans le public la haine contre le magnétisme :

Le premier, la trompeuse variabilité des phénomènes de lucidité somnambulique qui empêche d'avoir une ferme confiance dans les réponses du sujet magnétisé.

Le second, la rare indélicatesse des charlatans qui l'exploitent et qui, à l'exception de Marcillet, homme franc et honnête, n'ont pas ordinairement la loyauté de prévenir les consultants de l'extrême faillibilité de l'oracle qu'ils viennent interroger.

Le troisième tient aux imperturbables sottises qu'écrivent ou débitent chaque jour les cerveaux malades qui aspirent à en faire une religion dont ils seraient les grands prêtres.

Le quatrième, c'est qu'il faut une grande vaillance de cœur pour renoncer à la science, que le magnétisme prouve n'être qu'une ignorance péniblement acquise, et accepter la concurrence ruineuse que le somnambulisme fait à la médecine.

Pour nous, qui nous sommes servi du somnambulisme comme d'un scalpel pour faire l'autopsie des êtres vivants, et y étudier l'âme et les opérations mystérieuses de l'esprit dans les phénomènes de la vie, nous croyons qu'il est de notre devoir d'éviter de souiller les noms honorables de nos pères en nous faisant le complice bienveillant des roueries des bateleurs de la science, et que nous sommes dans notre droit en repoussant du pied les monstrueuses folies des rêveurs du somnambulisme en leur disant à la face du ciel, sans lâcheté comme sans forfanterie : Qu'y a-t-il de commun entre vous et nous, dont les mains s'efforcent de laver pieusement les taches de boue et d'ignominie dont vous avez sali la vérité, afin qu'aux yeux des générations futures elle apparaisse rayonnante dans la splendeur de sa beauté régénérée ?

XV

LA VIE ÉTERNELLE

OU

TRANSFORMATION RÉSURRECTIONNELLE DES CORPS ET DES AMES APRÈS LA MORT.

> C'est par l'amour que le bonheur se fonde.
> DESCHEVEAUX DUMÉNIL.

> L'initiation franc-maçonnique met en lumière les procédés mystérieux dont Dieu se sert pour opérer la renaissance de l'âme ici-bas, et la résurrection de la chair dans l'autre monde.

La recherche des causes finales, a dit un philosophe moderne, est semblable à ces vierges chrétiennes qui se retirent dans un couvent pour y consacrer leur virginité au Seigneur et qui n'enfantent, dans leur dévote stérilité, que la prière. Il a proclamé en termes pompeux une regrettable erreur, que ce livre, nous l'espérons, réfutera victorieusement, en démontrant que la recherche des causes finales donne pour fille à l'intelligence la foi éclairée, pour fils au cœur l'héroïsme.

Nous avons parcouru les monts les plus élevés des régions métaphysiques, et ceux de nos lecteurs qui auront eu le vaillant courage de nous suivre ont pu remarquer que nous leur apportions la solution du grand problème des destinées éternelles.

Nous ne nous sommes pas posé en novateur, nous n'avons eu qu'une ambition, celle de faire germer les vérités que plus de dix-huit siècles de christianisme ont déposées dans toutes les âmes, semblable au rayon jeune et fécond du soleil au printemps, dont la douce et pénétrante chaleur échauffe et réveille le germe latent qui dort dans le sein de la terre, l'anime d'une vie nouvelle et le ressuscite pour en faire un arbre aux verdoyants rameaux, sur les branches duquel viendront se percher les oiseaux du ciel, ou une plante dont les fleurs aux riches couleurs enchanteront les regards.

Le premier foyer où nous avons trouvé la lumière pour nous éclairer dans la recherche des fins dernières de l'homme est l'étymologie, cette science du vrai, que les premiers instituteurs du genre humain ont cachée sous l'écorce des mots; puis nous avons déchiré le voile allégorique de la révélation pour présenter la vérité dans son austère nudité; enfin pas une idée n'a été admise par nous sur cet important sujet, sans avoir été signée de la plume et souvent du sang des hauts génies sur la mémoire desquels le christianisme a déposé, dans sa savante et profonde sagesse, la glorieuse auréole de la sainteté.

Le somnambulisme, cette mort apparente du corps qui dégage l'âme des sens assoupis, depuis plusieurs années que nous l'étudions, en nous montrant, par des faits visibles, certains, fréquents, opérés par nos propres mains, que l'âme en cet état n'est plus limitée par les obstacles matériels du temps et de l'espace, nous a convaincu de son immatérialité, partant de son immortalité. Avant d'étudier l'homme ressuscité, nous avons étudié l'homme vivant sur la terre, nous avons analysé l'esprit, dont le nom signifie *souffle enflammé*, et constaté qu'il était l'essence vitale qui individualisait les hommes entre eux en les animant, et qu'en sa qualité d'essence il contenait une fraction de toutes les parties de l'être dont il émanait et était modifié par tous les milieux qu'il traversait. Nous avons proclamé sa puissance générative qui développe tous les membres où il réside et leur communique la vie et le mouvement, et posé en principe que c'était lui qui, par une attraction semblable à celle qui attire le fer vers l'aimant, attirait tendrement l'homme dans les bras de la femme ; puis nous avons rendu visible pour tous les yeux par quelle secrète opération, dans certains individus très-privilégiés, il anéantissait la chair dans un sommeil de mort, et, animant l'âme d'une vie puissante, il lui permettait de manifester ses célestes propriétés par des phénomènes merveilleux ; enfin, arrivant à notre but, nous avons démontré qu'il se dégageait avec l'âme du cadavre pour aller reconstituer l'individualité, en sa complète intégrité, dans l'autre monde.

Nous avons ensuite étudié l'homme dans l'état adamique, où l'âme, cet ange intérieur, n'était ni masquée ni opprimée par la chair, qui la réduit en servitude, et commencé par établir la distinction entre l'âme et l'esprit, comprenant que l'imperfection des sciences philosophiques de ce siècle tend à faire fatalement confondre ces deux parties de l'homme et à pousser le vaisseau des croyances religieuses contre l'écueil menaçant d'un panthéisme spéculatif.

L'homme, ayant rejeté la lumière de la grâce qui brillait en son âme et l'unissait à son Dieu, porta la vie en sa chair et fut revêtu, lui et sa postérité future, d'organes matériels destinés à la mort, comme tout ce qui est matière; à la maladie, comme tout ce qui est corruptible; et, au lieu d'être un frère pour son prochain, il devint un tigre; la nature secoua son joug, les éléments et les animaux se révoltèrent contre lui; d'enfant de Dieu il devint enfant du démon, mais la Divinité ne l'abandonna pas : il avait perdu la grâce par la jouissance, Dieu lui permit de la recouvrer par la souffrance ; chaque miracle opéré par un homme est une œuvre de la grâce et une reprise de possession de la puissance adamique.

Cette réparation, en lui, des effets du péché originel est très-ingénieusement mise en lumière par la franc-maçonnerie, qui la nomme initiation, tandis que le christianisme l'appelle du nom encore plus précis de renaissance. Dans le grade d'apprenti, le profane récipiendaire a les yeux couverts d'un bandeau noir qui symbolise les sens grossiers qui masquent la vue de l'âme ; ce bandeau noir tombe quand, au troisième coup de maillet frappé par le vénérable, on lui insuffle la lumière ; la renaissance est l'acte qui dépouille, à l'aide de la lumière de la grâce par une excoriation bénie, l'homme intérieur primitif, adamique, des organes charnels qui le masquent.

Il paraîtra peut-être étrange de nous voir citer la franc-maçonnerie comme une institution qui rend visible les opérations les plus mystérieuses de l'esprit en l'homme ; mais nous demandons la vérité à toutes les bouches, la lumière à tous les foyers, et nous arrachons jusqu'à la lampe sacrée des sanctuaires pour dissiper les ténèbres de l'incroyance où sont plongés les hommes de ce siècle.

Après la mort le corps entre en dissolution, il rend chacune de ses molécules aux parties de la nature auxquelles il les a empruntées; l'âme se dégage du cadavre, et, selon qu'elle a ou n'a pas recouvré la lumière de Dieu, elle va au ciel ou en enfer; mais l'âme emporte au monde de l'éternité l'esprit qui a été l'essence et la vie du mort à l'état de germe; cet esprit qui, dans l'autre monde, s'assimile les forces génératrices du milieu où il se trouve et reconstitue l'individualité avec des éléments qui la rendront immortelle, en sorte que ce sera la même âme animant la même chair, rendue incorruptible par sa résurrection.

Il y a encore dans la franc-maçonnerie, au grade de maître, une cérémonie qui démontre à l'intelligence le mystérieux procédé de la résurrection. Hiram-Abi, homme juste et conscience intrépide, est mis dans un tombeau, en la personne du récipiendaire ou du dernier maître élu; là, son cadavre est sensé entrer en dissolution et sa chair quitte ses os; mais, comme le grain mis en terre, il revit du sein même de la décomposition, et, l'âme étant dégagée de son être enseveli, sa personnalité transfigurée et perfectionnée se relève, ressort de son tombeau et va s'asseoir à l'orient, qui symbolise le monde de l'éternité.

Tous les peuples ont cru à la résurrection de l'homme; mais la démonstration de l'immortalité de l'âme et l'explication de la résurrection de la chair ne peuvent être comprises que des natures douces et inspirées qui ont le front éclairé d'une splendeur divine, semblable à cette flamme qui caressait tendrement les tempes du jeune Iule et se jouait dans sa chevelure, et qui est un présage brillant de la glorieuse royauté qui les attend au ciel.

Après avoir constaté que toute âme qui à la mort sortait animée de la grâce de Dieu avait droit au ciel, nous avons recherché les caractères visibles de l'état de grâce : le premier est la domination de l'âme sur la chair dont elle étouffe les sept inclinations perverses symbolisées par les sept têtes de l'hydre de Lerne, dont la première, l'orgueil, a soif d'honneur; la seconde, l'avarice, a soif d'or; la troisième, la luxure, de débauche; la quatrième, l'envie, a soif de larmes; la cinquième, la gourmandise, a faim d'orgie; la sixième, la colère, a soif de sang; la septième veut se repaître du fruit des labeurs d'autrui, en sorte que l'on peut dire que s'il y a du sang et des larmes ici-bas, c'est l'hydre de la chair qui les fait couler. Outre la chair réduite en servitude, il y a les miracles opérés dans un but utile à l'humanité, qui sont des signes sensibles de la présence de Dieu dans l'âme et font pressentir qu'elle est dans le chemin du ciel.

Nous avons prouvé l'existence des Anges, et de plus nous avons fait connaître la nature de ces esprits, qu'un grand théologien a définis des substances intellectuelles, libres de volonté, incorporelles, immortelles, créées pour le service du Créateur.

Nous avons fait apparaître à l'œil de l'intelligence la hiérarchie des Anges, expliqué leur rôle auprès des hommes; d'après saint Denis l'Aréopagiste, auquel saint Paul, son maître, avait fait connaître les merveilles qui avaient ravi son entendement, durant son extase au ciel.

Nous avons déterminé les analogies qui existaient entre les Anges et les âmes, qui sont destinées à être un jour leurs compagnes dans les cieux, et à remplir les siéges laissés vacants par la chute des démons; enfin, nous avons étudié les conditions dans lesquelles ils apparaissaient aux hommes; nous avons recherché ensuite quelle serait la béatitude des âmes dans le ciel, et posé en fait que ce bonheur de l'âme se composait de la vie de Dieu, de son amour et de sa possession, et qu'il était tellement immense, que chez les extatiques il les transfigurait physiquement, et revêtait leurs traits d'une splendeur béatifique que les plus vives jouissances de la terre seront toujours impuissantes à leur communiquer.

Il est hors de doute, selon nous, que la résurrection transfigure les corps et les doue de quatre merveilleuses qualités, qui sont la clarté, l'impassibilité, la subtilité et l'agilité : de plus, nous avons une entière croyance en la béatification des sens au ciel, où les bienheureux vivent éternellement plongés dans un torrent d'ineffables délices.

Après avoir enseigné la loi des formes, des nombres et de la solidarité qui régit l'univers, nous avons établi la nécessité de la fin du monde, désireux de confondre les agressions superbes d'une raison mesquine contre le dogme de l'enfer et l'existence des démons. Nous en avons donné une démonstration basée sur la tradition universelle de tous les peuples, et gravée par les mains de la justice divine dans la conscience humaine ; nous savons que notre croyance à ces deux dogmes fera sourire les faces vieillies des disciples de Voltaire ; nous nous contenterons de les plaindre : ils sont le passé, et nous sommes l'avenir.

Voyant que le jeu des tables parlantes dégénérait en danger pour les intelligences qu'il frappe sinistrement d'aliénation, et que les doctrines religieuses les plus absurdes, les niaiseries les plus pataudes, étaient enseignées par les tables divinatrices, que des fanatiques considèrent malgré leur réponse erronée comme les oracles de la vérité éternelle, auteur de plusieurs ouvrages sur la science divinatoire ([1]), nous avons pensé pouvoir arrêter cette épidémie en démontrant ce qu'il y avait de réel dans ce phénomène, et, tandis que les évêques interdisaient les tables parlantes, et que les savants les niaient, nous avons expliqué la cause occulte de ce phénomène, qui, malgré les nombreuses victimes dont il a complétement débilité le cerveau, a fait cependant connaître l'existence du fluide magnétique en l'homme.

Nous avons lu tout ce que nous avons trouvé sur le sujet de ce livre, que nous avons longtemps hésité à publier, pensant qu'il semblerait une nouveauté excentrique, à un siècle qui préfère ceux qui amusent sa corruption à ceux qui s'efforcent de relever son regard vers le ciel ; mais nous l'avons fait imprimer en priant Dieu qu'il aille dans les mains de ceux qui aiment, souffrent et espèrent en la mort, comme en une libératrice.

---

[1] *Le Monde prophétique*, chez Dentu. Prix, 1 fr. 50.
Le Monde occulte, id., 1 fr. 50.
Doctrine des sociétés secrètes, id., 1 fr. 50.
Perfectionnement physique, id., 1 fr. 50.

Une femme, d'un esprit supérieur et d'un grand cœur, nous écrivait un jour : « Les amis sont des parents de choix. » Nous emparant de cette charmante définition, nous disons : « Les lecteurs sont une famille d'amis unis sympathiquement de cœur par la confraternité des idées. »

Si l'on accueille avec bienveillance, dans les jours d'ennui, le spirituel conteur ou le dramatique romancier qui vient, sous forme de livre, amuser l'oisiveté ; combien, à plus forte raison, doit-on aimer l'écrivain sérieux qui vient aider votre esprit à soulever le voile de mystère étendu entre ce monde et le monde de l'éternité! Beaucoup, arrivés à la dernière page de ce livre, de leurs lèvres altérées presseront encore les bords de la coupe épuisée, et, comme les hommes de Galilée, continueront comme les disciples, après l'ascension de Jésus-Christ, à regarder le ciel où ils l'avaient vu monter et disparaître.

Dans peu de temps nous reviendrons à eux et nous les entretiendrons de nouveau du sujet qui aura eu le privilége enchanteur de captiver leur attention, et nous espérons dissiper les ténèbres qui existent encore pour eux sur cette matière, la plus importante qui puisse préoccuper des esprits sérieux.

Nous portons à tous nos lecteurs une vive et sincère affection ; mais nous avouons aimer d'une plus particulière tendresse les plus faibles, les plus délicats, les plus souffrants ; car, de même qu'il faut que les fleurs soient broyées pour exhaler leurs plus suaves senteurs, il faut que les cœurs soient broyés par les étreintes de la douleur pour exhaler le suave et céleste parfum de l'amour.

Marchant d'un pas ferme dans cette voie de l'unité de croyance qu'entrevoyait le comte Joseph de Maistre, lorsque sa pensée, semblable à un aigle, s'envolait, vigoureuse, souveraine et profonde, au delà des monts pour venir s'abattre et se prosterner, humble et soumise, aux décisions augustes du vieillard du Vatican, nous montrons aux nautoniers battus par les tempêtes du monde l'éternité comme un port qui s'ouvre à l'horizon de la vie dans la splendide clarté d'une lumière divine.

Tous nous serons un jour renversés par la

mort, mais tous nous nous relèverons vivants.
Heureux seront ceux qui auront travaillé durant
leur vie à préparer leur âme à une glorieuse
résurrection ; mais bienheureuses surtout, ô
vous, natures aimantes et souffrantes, qui avez,
durant votre séjour ici-bas, répandu les parfums de votre amour et les larmes de vos douleurs sur les pieds bénis du divin Sauveur ; car
dans vos bras, qu'entrouvre le désir infini du
martyre, de la mort, de la souffrance, il vous sera
donné d'étreindre, dans une éternelle béatitude,
Jésus, l'amant désiré de vos âmes.

Depuis qu'un cœur palpite en notre poitrine,
nous avons senti un sang vaillant circuler en nos
veines, et il nous a été impossible de demeurer
tranquille spectateur de la lutte que le philosophisme livre à la religion ; nous sommes descendu dans l'arène, et enrôlant les sciences phrénologiques et magnétiques sous notre bannière,
nous avons marché droit à l'incroyance et l'avons combattue, trouvant que l'honneur de notre siècle et la gloire de la France nous commandaient de saisir à la gorge le monstre de
l'impiété moderne. Nous avons toujours défendu

la grande cause du christianisme, et nous avons tenté de ramener les esprits égarés par la folle ivresse d'une philosophie erronée à la vérité éternelle, par les voies merveilleuses du surnaturel.

Il y a un Golgotha pénible à gravir pour le penseur qui veut enseigner les mystères de leurs destinées éternelles à ses frères : l'ironie met à son front une couronne d'épines, et le préjugé d'un monde incroyant courbe ses épaules sous une lourde croix ; mais peu lui importe chaque persécution qu'il endure pour la justice, c'est un droit nouveau qu'il acquiert à l'amour de Dieu, dont le Fils, les cheveux roidis par le sang, le visage couvert d'une pâleur glacée, les pieds et les mains percés par des clous, la chair en lambeaux sanglants, le côté troué par une lance, est entré par la douleur, la souffrance et la mort au séjour de l'éternelle béatitude.

Nous ne demandons pas seulement à nos lecteurs d'être nos amis par le cœur et nos frères par l'idée, mais encore d'être nos collaborateurs et de répandre les enseignements contenus dans ce livre, afin d'allumer dans tous les cœurs la flamme vivante de la vérité, de déposer dans toutes les intelligences l'espérance d'une vie future. Nous faisons appel à leurs lèvres afin qu'ils annoncent dans le monde ces vérités ; car le jour est venu où chaque homme comprendra les enseignements de son catéchisme sur le sort de l'être humain après sa mort. Le monde citera à son tribunal ceux qui croiront au surnaturel, et il se moquera de leur foi. Heureux les vaillants de cœur qui proclameront leur conviction à la face du ciel, car la grâce de Dieu est en eux ; mais malheur à ceux qui rougiront de confesser leur croyance, car ce pourpre qui brûle leur joue et proclame leur lâcheté sera éternellement entretenu au fond des enfers par les soufflets du diable.

Les autres ouvrages que nous avons précédemment composés avaient pour but de familiariser nos lecteurs avec les sciences qui devaient nous servir à composer ce livre sur l'*éternité* ; aussi ceux qui, depuis que nous écrivons, nous suivent dans la marche de nos idées, comprendront facilement toutes les démonstrations contenues dans ce volume ; les autres, s'ils ont étudié le magnétisme ou la haute philosophie des pères de l'Église, concevront d'une manière nette et précise ces hautes questions de philosophie transcendante. Quant aux membres du clergé, nous espérons qu'ils nous tendront amicalement la main, comprenant que, bien que nous n'ayons pas, comme eux, la gloire d'avoir reçu sur nos fronts l'onction sacrée de l'huile sainte, qui les a faits ministres du saint des saints, nous venons, avec une conviction éclairée, combattre au premier rang pour la cause du christianisme.

Nous consolerons toutes les douleurs, toutes les afflictions, tous les deuils; car tous les êtres qui pleurent un être bien-aimé, ravi à leur tendresse, aiment à espérer qu'ils le reverront un jour dans l'autre monde, ressuscité en son intégrale individualité.

Il nous reste encore de nombreux ouvrages à publier, et lorsque nous aurons fait visiter à l'intelligence de nos lecteurs le monde surnaturel, nous les conduirons dans le monde moral, et nous étudierons avec eux les préceptes, les institutions et les cultes destinés à transformer l'homme en l'idéal divin entrevu par les législateurs sacrés, et à lui donner, suivant la belle expression d'un philosophe chrétien des temps modernes, les mœurs d'un Dieu. Nous aborderons ensuite le monde social, et prouverons que le christianisme seul peut donner le bonheur à tous sans faire tort à personne.

Avant de terminer, nous allons répondre à un étrange reproche, que souvent on nous a adressé, c'est d'être poëte ; nous acceptons le reproche, et nous nous en faisons gloire; car, comme l'a si bien écrit Théophile Gautier, les poëtes ne sont pas seulement ceux qui assemblent des rimes, mais nous ramenons ce nom à son beau sens grec (ceux qui font ou qui créent) : le conquérant, l'artiste, le législateur, le savant, sont des poëtes, lorsqu'ils ont trouvé une idée, une forme, une vérité, un fait; autour de ces centres lumineux, le reste de l'humanité s'équilibre et gravite avec le même plaisir impérieux que le satellite autour de sa planète.

Nous avons souvent, par la critique, été traité de magicien. Nous sommes effrayé de l'éclat imposant de ce titre; car tous les grands hommes ont été soupçonnés de magie. Il y a, en effet, un côté surnaturel dans toutes les œuvres qui sont restées immortelles, que l'ignorance attribue à la magie, c'est le pouvoir souverain qui charme, subjugue et dompte les astres, les animaux, les éléments et les hommes. Oui, l'artiste qui anime le bronze et le marbre, le poëte, l'écrivain, le penseur, qui dominent, charment, enivrent, subjuguent la foule à l'aide de quelques lignes noires imprimées sur du blanc, sont de véritables magiciens. Il y a de la magie dans les actes de tout homme puissant. Il y en avait dans Napoléon, disant ces deux mots : *En avant !* et lançant ses armées à la gloire.

Pour nous, simple penseur, qui consacrons notre vie à sécher les larmes, en tournant les regards de la foule vers le ciel, nous trouvons ce titre de magicien trop éclatant pour notre nom, et nous tournant vers cette triste génération qui raille ce qu'il y a de plus sacré au monde, nous lui abandonnons notre cœur à dévorer ; mais nous rappelant le jeu de l'enfance où l'on dit : *On ne ramasse pas les morts,* nous lui disons : On ne raille pas d'un rire moqueur les dogmes du christianisme, pour la défense desquels tant de nobles et pures natures ont subi la mort; car il y a une lâcheté sacrilége à manquer de respect au sang des martyrs.

Dans ce livre, nous nous sommes borné à donner la tradition, en sorte que pour être venu jusqu'ici il a fallu une âme inspirée de la lumière de Dieu. Cette tradition, si profondément abstraite, que la sagesse des révélateurs avait trouvée trop inintelligible pour être livrée au public dans son austère et splendide nudité, et qu'ils avaient parée des charmes de l'allégorie et des séductions brillantes du voile du symbolisme oriental et de la grâce poétique et attachante du mythe grec; nous aussi, dans notre prochain ouvrage, le *Royaume des Morts*, nous allons la présenter telle que l'ont revêtue les plus grands génies des siècles écoulés. Nous décrirons l'enfer et le paradis des peuples de l'Orient, celui des nations du paganisme, des peuples chrétiens, des disciples de Mahomet et de ceux de Swedemborg. Ce livre sera compréhensible pour toutes les intelligences.

Maintenant il nous reste à remercier nos

bien-aimés lecteurs qui vivent en confraternité d'idées avec nous ; nous éprouvons un si vif bonheur à les voir, à leur serrer la main, que, par une grâce de Dieu, tous ceux que nous n'aurons pas eu le très-vif plaisir de voir ici-bas, nous espérons les retrouver un jour et jouir de leur vue dans l'autre monde. En attendant, notre cœur leur donne un fraternel rendez-vous au ciel !

FIN.

TABLE

I. — Vision de l'éternité dans l'état extatique. 1

II. — L'organisme humain expliqué par les fluides impondérables. 21

III. — Le péché originel considéré comme cause réelle de la mort. 43

IV. — De quelle manière s'opère la résurrection de l'homme après sa mort. 65

V. — Vie future des ressuscités après la mort. 85

VI. — Signes auxquels on reconnaît ceux qui sont dans le chemin du ciel. 97

VII.	— Nature, essence et ministère des anges.	123
VIII.	— Le monde des esprits angéliques.	135
IX.	— Béatitude des âmes au ciel.	157
X.	— Béatification et glorification des corps ressuscités au ciel.	171
XI.	— La fin du monde.	185
XII.	— Tourments des damnés en enfer.	194
XIII.	— Le monde des esprits diaboliques.	205
XIV.	— Possession des tables par les esprits.	213
XV.	— La vie éternelle, ou Transformation résurrectionnelle des corps et des âmes après la mort.	229